Starker Wille

Von Frank Kralemann

Buchbeschreibung:

Starker Wille - Das Workbook

Schluss mit unvollendeten Projekten und auf-geschobenen Zielen!

In einer Welt voller Ablenkungen entscheidet Willenskraft über Erfolg oder Scheitern.

Dieses Buch liefert keine theoretischen Abhandlungen, sondern sofort anwendbare Techniken, um deinen Willen systematisch zu stärken.

Du erfährst:

- Wie du schneller und besser entscheidest ,ohne endloses Grübeln

- Warum To-Do-Listen allein nicht funktio-nieren und wie du die Lücke zwischen Planen und Handeln schließt

- Praktische Methoden, um auch bei nachlas-sender Motivation durchzuhalten

- Strategien zum Umgang mit Rückschlägen und zur Überwindung von Perfektionismus
- Ein komplettes System für nachhaltigen starken Willen

Anders als herkömmliche Ratgeber konzentriert sich dieses Buch auf bewährte, wissenschaftlich fundierte Techniken: von der 531 Entscheidungsmethode über Implementation Intentions bis zum strategischen Energiemanagement.

Mit dem integrierten 30 Tage Aktionsplan wirst du nicht nur über Willenskraft lesen, sondern sie aktiv entwickeln. Verwandle Vorsätze in Ergebnisse und werde zum entschlossenen Umsetzer deiner wichtigsten Ziele.

Frank Kralemann, selbst vom chronischen Aufschieber zum konsequenten Umsetzer geworden, teilt seine persönlichen Erfahrungen und die Erkenntnisse aus der Begleitung zahlreicher Menschen auf ihrem Weg zu mehr Willenskraft.

Über den Autor:

Frank Kralemann beschäftigt sich schon lange mit den Themen Aufschieben und Produktivität. Er schreibt seit 2007 Bücher.

In seiner Freizeit läuft er gerne in der Natur.

Er lebt in Ostwestfalen. Frank Kralemann ist Vater und Großvater.

Starker Wille

Das Workbook

von Frank Kralemann

1. Auflage, 2025 Frank Kralemann

© 2025 Alle Rechte vorbehalten.

Verlag: BoD · Books on Demand GmbH,
In de Tarpen 42, 22848 Norderstedt,
bod@bod.de
Druck: Libri Plureos GmbH,
Friedensallee 273, 22763 Hamburg

ISBN: 978-3-7693-5727-1

Inhaltsverzeichnis

Starker Wille – Das Workbook

Kennst du das Gefühl? Du hast dir fest vorgenommen, endlich mit dem Rauchen aufzuhören, regelmäßig Sport zu treiben oder ein berufliches Projekt abzuschließen – und trotzdem findest du dich Wochen später wieder an derselben Stelle. Deine guten Vorsätze sind wie Sandburgen, die von der ersten Welle weggespült wurden. Du bist nicht allein. Millionen Menschen kämpfen täglich mit diesem Phänomen, das uns alle verbindet: dem Kampf zwischen Wollen und Tun.

Was unterscheidet eigentlich jene Menschen, die ihre Ziele beharrlich verfolgen und erreichen, von der Mehrheit, die immer wieder an den gleichen Punkten scheitert? Ist es eine angeborene Charaktereigenschaft, ein besonderes Talent oder vielleicht sogar Glück? Nichts von alledem. Was diese Menschen auszeichnet, ist ein trainierbarer starker Wille – die Fähigkeit, Entscheidungen zu treffen und diese konsequent umzusetzen.

In der heutigen Welt der endlosen Ablenkungen, der permanenten Erreichbarkeit und der ständigen Reizüberflutung ist ein starker Wille kein Luxus mehr, sondern eine überlebenswichtige Fähigkeit. Er ist der Muskel, der dafür sorgt, dass du nicht nur Ideen hast, sondern diese auch in die Tat umsetzen kannst. Er ist der Navigator, der dich durch die stürmische See der Ablenkungen und Hindernisse sicher zu deinem Ziel führt.

Vielleicht fragst du dich, warum du dieses Buch lesen solltest. Die Antwort ist einfach: Weil es anders ist. Es ist kein weiteres theoretisches Werk über Willenskraft und Selbstdisziplin. Es ist kein psychologisches Fachbuch mit endlosen Studien und Theorien. Es ist ein praktischer Leitfaden, der dir konkrete, sofort anwendbare Werkzeuge an die Hand gibt, mit denen du deinen Willen stärken und dein Leben verändern kannst.

Wenn du dieses Buch bis zum Ende durcharbeitest und die vorgestellten Techniken anwendest, wirst du in der Lage sein:

1. Entscheidungen schneller und mit mehr Selbstvertrauen zu treffen

2. Den lähmenden Zustand zwischen Planen und Handeln zu überwinden

3. Projekte durchzuziehen, auch wenn die anfängliche Begeisterung nachlässt

4. Dich von äußeren Erwartungen zu befreien und ein selbstbestimmtes Leben zu führen

5. Einen nachhaltigen Lebensstil zu entwickeln, in dem starker Wille zur Gewohnheit wird

Der Gewinn, der dich erwartet, ist unbezahlbar. Stelle dir vor, wie es sich anfühlen würde, wenn du nicht mehr an deinen eigenen Vorsätzen zweifeln müsstest. Wenn du wüsstest, dass das, was du dir vornimmst, auch tatsächlich umgesetzt wird. Diese innere Sicherheit verändert alles – dein Selbstbild, deine Beziehungen, deine beruflichen Perspektiven und letztendlich dein gesamtes Leben.

Ich spreche nicht als theoretischer Experte zu dir, sondern als jemand, der den Weg vom chronischen Aufschieber zum konsequenten Umsetzer selbst gegangen ist. Vor zehn Jahren war mein Leben geprägt von unvollendeten Projekten, verpassten Chancen und dem ständigen Gefühl, nicht das zu leben, was in mir steckt. Meine Wohnung war voll mit halbfertigen Manuskripten, angefangenen Kursen und ungeöffneten Fitnessgeräten – stumme Zeugen meiner gescheiterten Vorhaben.

Der Wendepunkt kam, als ich begriffen habe, dass Willenskraft nicht angeboren, sondern erlernbar ist. Dass es sich dabei nicht um ein mysteriöses Talent handelt, sondern um konkrete Verhaltensweisen und Denkstrategien, die jeder erlernen kann. Ich begann, mich intensiv mit der Psychologie der Selbstregulation zu beschäftigen, experimentierte mit verschiedenen Techniken und entwickelte schließlich meinen eigenen Ansatz, der mir half, vom ewigen Planer zum entschlossenen Umsetzer zu werden.

Was du in diesem Buch lernst, ist das Destillat meiner eigenen Erfahrungen, kombiniert mit wissenschaftlichen Erkenntnissen und den Erfolgsstrategien zahlreicher Menschen, die ich im Laufe der Jahre begleitet habe. Menschen wie Thomas, ein Grafikdesigner, der seit Jahren davon träumte, sich selbständig zu machen, aber immer wieder vor dem endgültigen Schritt zurückschreckte. Oder Maria, eine Ärztin, die es nie schaffte, ihr Buchprojekt über gesunde Ernährung abzuschließen, obwohl sie über enormes Fachwissen verfügte. Beide und viele andere haben durch die Techniken in diesem Buch gelernt, ihre Vorhaben endlich in die Tat umzusetzen.

Der Aufbau dieses Buches folgt einer klaren Logik. Wir beginnen mit dem Fundament jedes starken Willens: der Fähigkeit, klare Entscheidungen zu treffen. Viele Menschen wissen gar nicht, was sie wirklich wollen, und schwanken zwischen verschiedenen Optionen hin und her. Dieses Zögern kostet nicht nur Zeit, sondern auch wertvolle mentale Energie. Im ersten Teil lernst du, wie du schnell und sicher entscheiden kannst, was du wirklich willst – und was nicht.

Im zweiten Teil geht es darum, die berüchtigte Lücke zwischen Planen und Handeln zu schließen. Du erfährst, warum To-Do-Listen allein nicht funktionieren und welche praktischen Techniken dir helfen, vom Denken ins Tun zu kommen. Hier liegt oft der entscheidende Unterschied zwischen Träumern und Machern.

Der dritte Teil widmet sich einer Fähigkeit, die vielleicht am schwierigsten zu meistern ist: dem Durchhalten und Fertigstellen. Warum geben so viele Menschen kurz vor dem Ziel auf? Welche inneren Widerstände treten auf, wenn ein Projekt zu 90% fertig ist? Und vor allem: Wie überwindest du diese Hürden, um deine Projekte tatsächlich abzuschließen?

Im vierten Teil geht es um die Kunst, ein selbstbestimmtes Leben zu führen. Denn ein starker Wille bedeutet nicht nur, Dinge zu erledigen, sondern auch die richtigen Dinge zu tun – jene, die mit deinen tiefsten Werten und Zielen übereinstimmen. Du lernst, wie du Grenzen setzt, deine Energie klug verwaltest und einen langfristigen Plan für dauerhaften starken Willen entwickelst.

Das Schlusskapitel fasst alles in einem 30-Tage-Aktionsplan zusammen, der dir hilft, das Gelernte sofort umzusetzen. Denn Wissen allein verändert nichts – erst die konsequente Anwendung führt zu Resultaten.

Was dieses Buch besonders macht, ist sein kompromissloser Fokus auf Praxis statt Theorie. Jedes Kapitel enthält konkrete Übungen, die du sofort anwenden kannst. Du findest Schritt-für-Schritt-Anleitungen, Fallbeispiele und Reflexionsfragen, die dir helfen, die Konzepte auf deine eigene Situation anzuwenden. Besonders wertvoll sind die Abschnitte zu typischen Hindernissen und wie du sie überwinden kannst – denn Rückschläge gehören zum Weg dazu.

Wichtig ist mir auch, dass du verstehst, dass starker Wille nicht bedeutet, ständig gegen sich selbst anzukämpfen. Es geht nicht darum, dich zu einer ungeliebten Tätigkeit zu zwingen oder dich selbst zu bestrafen, wenn du einen Rückschlag erlebst.

Vielmehr geht es darum, innere Widerstände zu verstehen und zu überwinden, um das zu tun, was du dir wirklich wünschst. Ein starker Wille ist kein Tyrann, sondern ein weiser Verbündeter auf dem Weg zu deinen Zielen.

Du wirst in diesem Buch auch lernen, dass Willenskraft eine begrenzte Ressource ist, die klug eingesetzt werden will. Wer versucht, in allen Lebensbereichen gleichzeitig Veränderungen durchzusetzen, wird scheitern. Deshalb zeige ich dir, wie du strategisch vorgehst und deine mentale Energie auf die wirklich wichtigen Ziele konzentrierst.

Ein weiterer wichtiger Aspekt ist das Thema Selbstmitgefühl. Viele Menschen verwechseln einen starken Willen mit Härte gegen sich selbst. Das Gegenteil ist der Fall: Studien zeigen, dass Menschen, die sich selbst mit Verständnis begegnen, wesentlich bessere Chancen haben, ihre Ziele zu erreichen als jene, die sich für jeden

Fehltritt verurteilen. Dieses Buch zeigt dir, wie du diese Balance findest.

Was ich dir versprechen kann, ist Folgendes: Wenn du die Techniken in diesem Buch anwendest, wirst du spürbare Veränderungen in deinem Leben bemerken. Du wirst dich nicht mehr als Opfer deiner Impulse und Gewohnheiten fühlen, sondern als aktiver Gestalter deines Lebens. Du wirst die befreiende Erfahrung machen, dass du tatsächlich tun kannst, was du dir vornimmst – eine Erfahrung, die dein Selbstvertrauen und deine Lebensqualität nachhaltig steigern wird.

Was ich dir nicht versprechen kann, sind Wunder über Nacht. Die Entwicklung eines starken Willens ist ein Prozess, der Zeit und Übung erfordert. Es gibt keine magische Pille, keine Wundertechnik, die alles mit einem Schlag verändert. Aber es gibt bewährte Strategien, die – konsequent angewendet – deine Fähigkeit zur Selbststeuerung dramatisch verbessern können.

Denke daran: Jeder Mensch hat in bestimmten Lebensbereichen bereits einen starken Willen bewiesen. Vielleicht hast du ein schwieriges Studium abgeschlossen, eine Beziehung durch schwere Zeiten getragen oder eine berufliche Herausforderung gemeistert. Diese Momente zeigen, dass das Potenzial in dir bereits vorhanden ist. Mit diesem Buch lernst du, dieses Potenzial gezielt zu aktivieren und auf andere Lebensbereiche zu übertragen.

Ein besonderes Merkmal dieses Buches ist die Integration aktueller Erkenntnisse aus der Psychologie und Neurowissenschaft – allerdings nicht als theoretischer Ballast, sondern als praktisches Fundament der vorgestellten Techniken. Du erfährst zum Beispiel, warum die bewusste Planung von Hindernissen (Mental Contrasting) wissenschaftlich nachweisbar besser funktioniert als reines positives Denken. Oder warum die Implementation Intentions („Wenn-Dann-Pläne") die Erfolgswahrscheinlichkeit deiner Vorhaben um das Zwei- bis Dreifache steigern können.

Ein Wort noch zur Nutzung dieses Buches: Es ist so konzipiert, dass du es von Anfang bis Ende durcharbeiten kannst, Kapitel für Kapitel. Das empfehle ich dir auch für den ersten Durchgang. Bei späteren Lesedurchgängen kannst du gezielt jene Kapitel auswählen, die für deine aktuelle Situation besonders relevant sind. Am Ende jedes Kapitels findest du Reflexionsfragen und praktische Übungen. Nimm dir die Zeit, diese wirklich durchzuführen – denn nur das, was du tatsächlich anwendest, wird einen Unterschied in deinem Leben machen.

Ich bin überzeugt, dass dieses Buch dir die Werkzeuge an die Hand gibt, um deinen Willen zu stärken und dein Leben nach deinen eigenen Vorstellungen zu gestalten. Aber letztendlich liegt die Entscheidung bei dir. Wirst du dieses Buch nur lesen oder wirst du es leben? Wirst du die Übungen durchführen und die Techniken anwenden? Die Antwort auf diese Frage wird darüber entscheiden, ob dieses Buch ein weiteres unvollendetes Projekt in deinem Leben bleibt oder der Beginn einer tiefgreifenden Veränderung wird.

Der Kern eines starken Willens ist Entscheidungsfreude und Umsetzungskompetenz. Genau diese beiden Fähigkeiten werden wir in den kommenden Kapiteln systematisch aufbauen. Du wirst lernen, schneller und klarer zu entscheiden, was du willst, und diese Entscheidungen dann auch tatsächlich umzusetzen.

Denke daran: Jeder Mensch, der große Ziele erreicht hat, hatte zunächst Zweifel und innere Widerstände zu überwinden. Was diese Menschen auszeichnet, ist nicht die Abwesenheit von Widerständen, sondern die Fähigkeit, trotz dieser Widerstände zu handeln. Genau diese Fähigkeit wirst du in diesem Buch entwickeln.

Stell dir vor, wie es sich anfühlen würde, wenn du in einem Jahr zurückblickst und feststellen kannst, dass du all die Dinge getan hast, die du dir vorgenommen hast. Dass du dein Wort dir selbst gegenüber gehalten hast. Diese innere Kongruenz – das Übereinstimmen von Absicht und Handlung – ist eine der wichtigsten Quellen für Selbstvertrauen und Zufriedenheit.

Ein starker Wille ist kein Selbstzweck. Er ist das Werkzeug, mit dem du das Leben erschaffst, das du dir wünschst. Er ist der Schlüssel, der die Tür zu deinem vollen Potenzial öffnet. Mit ihm kannst du berufliche Ziele erreichen, gesünder leben, tiefere Beziehungen aufbauen und letztendlich ein Leben führen, das deinen tiefsten Werten entspricht.

Ich lade dich ein, diese Reise jetzt zu beginnen. Nicht morgen, nicht nächste Woche, sondern genau jetzt. Denn wie du in diesem Buch lernen wirst, ist der richtige Zeitpunkt für eine Veränderung immer: jetzt.

Lass uns gemeinsam deinen Willen stärken und die Grundlage für ein erfüllteres, selbstbestimmteres Leben legen. Die Techniken stehen bereit. Die Erfahrungen anderer zeigen, dass es funktioniert. Die Frage ist nur: Bist du bereit, den ersten Schritt zu tun?

In den folgenden Kapiteln werden wir uns Schritt für Schritt durch die vier Hauptbereiche der Willenskraft arbeiten: Entscheiden, Handeln, Durchhalten und Selbstbestimmung. Jeder dieser Bereiche baut auf dem vorherigen auf und gibt dir neue Werkzeuge an die Hand, um deinen Willen zu stärken.

Die kommenden Seiten enthalten nicht nur Wissen, sondern ein vollständiges System zur Transformation deiner Selbststeuerungsfähigkeiten. Ein System, das dir helfen wird, vom endlosen Planen ins konsequente Handeln zu kommen. Ein System, das dir die Freiheit gibt, das zu tun, was du dir wirklich vornimmst.

Bist du bereit für eine Veränderung? Dann blättere um und beginne mit dem ersten Schritt: der Kunst der klaren Entscheidung.

Die Psychologie der Entscheidungsfindung

Der Anruf kam an einem Donnerstagabend. Markus, ein IT-Spezialist mit 15 Jahren Berufserfahrung, hatte soeben ein Jobangebot von einem Startup-Unternehmen erhalten – mit mehr Verantwortung, flexibleren Arbeitszeiten und einem deutlich höheren Gehalt. Ein Traumangebot, könnte man meinen. Doch statt Freude empfand Markus vor allem eins: lähmende Angst.

Was, wenn die neue Position zu anspruchsvoll wäre? Was, wenn das Startup scheiterte? Was, wenn er seine netten Kollegen vermissen würde? Zwei Wochen lang wälzte er sich nachts im Bett, listete Vor- und Nachteile auf, holte Meinungen von Freunden ein und verschob die Entscheidung immer wieder. Als er sich endlich durchringen konnte, war die Position bereits anderweitig besetzt.

Diese Geschichte steht beispielhaft für ein Phänomen, das die meisten von uns kennen: Entscheidungsangst. Sie ist der erste und oft mächtigste Feind eines starken Willens. Denn wie sollst du etwas umsetzen, wenn du gar nicht erst entschieden hast, was du eigentlich willst?

Warum Entscheidungsangst uns lähmt

Entscheidungsangst ist ein faszinierendes psychologisches Phänomen. Um sie zu verstehen, müssen wir zunächst begreifen, dass unser Gehirn von Natur aus darauf programmiert ist, Risiken zu vermeiden. Diese evolutionäre Anpassung war überlebenswichtig, als unsere Vorfahren in der Savanne lebten und jede falsche Entscheidung tödlich sein konnte. In der modernen Welt jedoch führt diese angeborene Vorsicht oft zu übertriebenen Ängsten und Blockaden.

Bei jeder Entscheidung aktiviert unser Gehirn den präfrontalen Kortex, jenen Teil, der für komplexes Denken und die Abwägung von Alternativen zuständig ist. Gleichzeitig wird aber auch die Amygdala aktiviert – ein Teil des limbischen Systems, der für emotionale Reaktionen wie Angst verantwortlich ist. Besonders bei wichtigen oder komplexen Entscheidungen kann die Amygdala überreagieren und ein regelrechtes Angstnetzwerk im Gehirn auslösen.

Die Folge: Wir fühlen uns überfordert und suchen nach Wegen, die Entscheidung aufzuschieben. Wir sammeln immer mehr Informationen, befragen immer mehr Menschen, analysieren immer weitere Optionen – ein Prozess, den Psychologen als „Analysis Paralysis" bezeichnen. Die Ironie dabei: Mehr Informationen führen ab einem gewissen Punkt nicht zu besseren, sondern zu schlechteren Entscheidungen und vor allem zu mehr Entscheidungsstress.

Ein weiterer Faktor, der Entscheidungsangst verstärkt, ist die Angst vor Bedauern. Wir fürchten nicht nur die direkten negativen Folgen einer falschen Entscheidung, sondern auch das quälende Gefühl, später zu denken: „Hätte ich doch nur anders entschieden." Interessanterweise zeigen Studien jedoch, dass Menschen ihre falschen Entscheidungen im Nachhinein weniger bereuen als ihre verpassten Chancen. Mit anderen Worten: Das Nicht-Entscheiden wird auf lange Sicht oft schmerzhafter empfunden als eine Fehlentscheidung.

Dazu kommt die „Opportunity Cost" – das Bewusstsein, dass jede Entscheidung für etwas automatisch eine Entscheidung gegen etwas anderes ist. Wenn du dich für Job A entscheidest, kannst du Job B nicht annehmen. Wenn du dich für Partner X entscheidest, schließt du Partner Y aus. Dieses Bewusstsein kann lähmend wirken, besonders in einer Zeit, in der wir ständig durch soziale Medien mit den (vermeintlich) besseren Entscheidungen anderer konfrontiert werden.

Wie äußert sich Entscheidungsangst im Alltag? Hier sind einige typische Anzeichen:

1. Du schiebst wichtige Entscheidungen immer wieder auf, indem du nach „nur noch einer Information" suchst.

2. Du fragst ständig andere um Rat, anstatt deiner eigenen Einschätzung zu vertrauen.

3. Du fühlst dich selbst bei trivialen Entscheidungen (wie der Wahl eines Restaurants) gestresst und überfordert.

4. Du grübelst lange über getroffene Entscheidungen nach und fragst dich, ob sie richtig waren.

5. Du vermeidest Situationen, in denen du dich entscheiden musst.

Entscheidungsangst raubt dir nicht nur Zeit und Energie, sondern hat auch direkte Auswirkungen auf deinen Willen. Denn jede aufgeschobene Entscheidung bindet mentale Ressourcen, die dir dann für die Umsetzung deiner Ziele fehlen. Sie schafft einen Zustand permanenter Unentschlossenheit, in dem du weder vorwärts noch rückwärts gehen kannst – ein perfektes Rezept für Stagnation.

Die 90% Regel: Warum die meisten Entscheidungen revidierbar sind

Einer der effektivsten Wege, Entscheidungsangst zu überwinden, ist das Verständnis, dass die allermeisten unserer Entscheidungen revidierbar sind. Diese Erkenntnis bezeichne ich als die „90% Regel" – sie besagt, dass etwa 90% aller Entscheidungen, die wir im Leben treffen, korrigierbar oder zumindest teilweise reversibel sind.

Denk einmal darüber nach: Wenn du einen Job annimmst und er sich als Fehlentscheidung herausstellt, kannst du kündigen und einen neuen suchen. Wenn du in eine Wohnung ziehst und unglücklich bist, kannst du umziehen. Wenn du eine Beziehung beginnst und feststellst, dass sie nicht funktioniert, kannst du sie beenden. Selbst bei größeren Entscheidungen wie einem Hauskauf gibt es Wege, die Entscheidung zu revidieren, auch wenn dies mit Kosten verbunden sein mag.

Natürlich gibt es Entscheidungen, die tatsächlich irreversibel sind – wie die Entscheidung für oder gegen Kinder oder bestimmte medizinische Eingriffe. Aber diese machen nur einen kleinen Teil unserer täglichen Entscheidungslast aus. Die meisten Entscheidungen, mit denen wir uns quälen, sind in Wirklichkeit viel weniger endgültig, als wir glauben.

Diese Erkenntnis ist unglaublich befreiend. Sie erlaubt dir, Entscheidungen als Experimente zu betrachten, als Schritte auf einem Weg, nicht als endgültige Festlegungen. Sie nimmt den lähmenden Druck, jede Entscheidung perfekt treffen zu müssen, und ersetzt ihn durch eine gesunde Lernhaltung.

Der Silicon-Valley-Unternehmer Reid Hoffman bringt es auf den Punkt: „Wenn du nicht mindestens ein bisschen peinlich berührt bist von der ersten Version deines Produkts, hast du zu lange gewartet, um es zu veröffentlichen." Dasselbe gilt für Entscheidungen. Perfektionismus bei der Entscheidungsfindung führt oft dazu, dass wir gar nicht erst handeln – und somit auch keine Chance haben, aus Erfahrungen zu lernen und uns anzupassen.

Hier ist eine praktische Übung, um die 90% Regel anzuwenden:

1. Notiere eine Entscheidung, die du aktuell aufschiebst.

2. Frage dich: „Ist diese Entscheidung wirklich irreversibel?" (In den meisten Fällen wird die Antwort „Nein" lauten.)

3. Falls die Entscheidung revidierbar ist, frage dich: „Was wäre das Schlimmste, das passieren könnte, wenn ich die ‚falsche' Entscheidung treffe?"

4. Überlege dir einen konkreten Plan, wie du die Entscheidung revidieren könntest, falls sie sich als ungünstig herausstellen sollte.

5. Treffe die Entscheidung mit dem Bewusstsein, dass du einen Plan B hast.

Diese Übung hilft dir, die emotionale Überhöhung von Entscheidungen zu reduzieren und sie in einem realistischeren Licht zu sehen. Sie gibt dir die Freiheit, mutiger zu entscheiden, ohne das lähmende Gefühl, dass jede Entscheidung dein ganzes Leben bestimmen wird.

Ein weiterer wichtiger Aspekt der 90% Regel ist das Verständnis, dass keine Entscheidung in einem Vakuum getroffen wird. Jede Entscheidung führt zu neuen Informationen und Erfahrungen, die wiederum die Grundlage für zukünftige Entscheidungen bilden. Dieser iterative Prozess – entscheiden, handeln, lernen, anpassen – ist viel wertvoller als die Suche nach der einen perfekten Entscheidung.

Nehmen wir das Beispiel von Lisa, einer Innen-
architektin, die sich lange nicht entscheiden
konnte, ob sie sich selbständig machen sollte. Die
Angst vor dem Scheitern lähmte sie jahrelang.
Als sie schließlich die 90% Regel verinnerlichte,
traf sie eine mutige Entscheidung: Sie kündigte
nicht sofort, sondern verhandelte eine Teilzeit-
stelle, um nebenher erste Kundenprojekte als
Selbständige zu übernehmen. Diese reversible
Entscheidung gab ihr die Möglichkeit, ihre Selbständigkeit zu testen, ohne das volle Risiko zu
tragen. Heute, vier Jahre später, führt sie ein
erfolgreiches eigenes Büro – dank einer Entscheidung, die sie durch das Verständnis der Reversi-
bilität endlich treffen konnte.

Der wahre Preis des Nicht-Entscheidens

Während wir oft die Kosten falscher Entscheidungen überschätzen, unterschätzen wir systematisch die Kosten des Nicht-Entscheidens. Dieser

versteckte Preis ist oft höher als jener einer Fehlentscheidung – und wird doch selten in unsere
Entscheidungskalkulationen einbezogen.

Der erste und offensichtlichste Preis des Nicht-
Entscheidens ist verlorene Zeit. Jeder Tag, den du
mit Grübeln und Abwägen verbringst, ist ein Tag,
den du nicht mit der Umsetzung deiner Ziele verbringst. Zeit ist die einzige wirklich nicht-
erneuerbare Ressource in unserem Leben. Während du zögerst, verstreicht sie unwiederbring-
lich.

Ein zweiter Preis ist mentale Energie. Unent-
schiedene Fragen besetzen einen Teil deines
Arbeitsgedächtnisses – jenes begrenzten mentalen
Raums, den du für konzentriertes Arbeiten und
kreatives Denken benötigst. Der Psychologe Roy
Baumeister bezeichnet diesen Effekt als „kognitive Residuen". Wie offene Programme auf
deinem Computer, die im Hintergrund laufen und
Ressourcen verbrauchen, belasten ungetroffene

Entscheidungen dein mentales Betriebssystem und machen dich weniger leistungsfähig in anderen Bereichen.

Ein dritter, oft übersehener Preis ist der emotionale Ballast des Nicht-Entscheidens. Das ständige Hin und Her, das Gefühl der Unentschlossenheit und die subtile Scham darüber, wichtige Lebensentscheidungen aufzuschieben, belasten dein Wohlbefinden. Sie erzeugen einen Zustand chronischer Unzufriedenheit, der sich auf alle Lebensbereiche auswirken kann.

Vielleicht am schwerwiegendsten ist jedoch der vierte Preis: verpasste Chancen. Während du zögerst, verändert sich die Welt um dich herum. Türen, die einmal offen standen, schließen sich. Andere Menschen treffen die Entscheidungen, die du aufgeschoben hast. Der Ökonom Friedrich August von Hayek prägte den Begriff der „verstreuten Information" – die Idee, dass Wissen in der Gesellschaft verteilt ist und sich ständig verändert. Dieses Konzept gilt auch für Entscheidungen: Die optimale Zeit für eine bestimmte Entscheidung ist oft ein begrenztes Fenster, das sich irgendwann schließt.

Nehmen wir das Beispiel von Michael, einem talentierten Programmierer, der seit Jahren von einer eigenen App-Idee träumte. Statt zu handeln, perfektionierte er seinen Plan immer weiter, recherchierte endlos und wartete auf den „perfekten" Zeitpunkt für den Start. Als er sich endlich entschied, seine App zu entwickeln, war der Markt bereits von ähnlichen Lösungen überschwemmt. Seine Verzögerung hatte ihm nicht nur Zeit und emotionale Energie gekostet, sondern auch die Chance, als Pionier in seinem Bereich zu gelten.

Oder denk an Julia, die sich jahrelang nicht entscheiden konnte, ob sie ihren Partner heiraten sollte. Ihre Unentschlossenheit belastete nicht nur die Beziehung, sondern auch ihre eigene psychische Gesundheit. Der ständige innere Dialog, die wiederholten Pro-und-Contra-Listen, die schlaflose Nächte – all das zehrte an ihrer Lebensqualität und ihrer Fähigkeit, im Hier und Jetzt glücklich zu sein.

Ein weiterer subtiler Preis des Nicht-Entscheidens ist die schleichende Erosion deines Selbstvertrauens. Jede aufgeschobene Entscheidung sendet eine unterbewusste Botschaft an dich selbst: „Ich traue mir nicht zu, diese Entscheidung zu treffen." Mit der Zeit kann sich dieses Muster verfestigen und zu einem generellen Mangel an Vertrauen in die eigene Urteilsfähigkeit führen.

Wie kannst du den wahren Preis des Nicht-Entscheidens in deine Entscheidungsfindung einbeziehen? Hier ist eine einfache Technik:

1. Stelle dir vor, du hättest bereits vor einem Jahr die Entscheidung getroffen, die du jetzt aufschiebst. Wie würde dein Leben heute aussehen?

2. Stelle dir nun vor, du würdest diese Entscheidung für ein weiteres Jahr aufschieben. Welche Chancen könntest du in diesem Jahr verpassen?

3. Schätze den emotionalen und mentalen Preis, den du für ein weiteres Jahr des Grübelns und Zögerns zahlen würdest.

Diese Übung hilft dir, das Nicht-Entscheiden nicht mehr als neutrale Option zu betrachten, sondern als aktive Entscheidung mit realen Kosten. Sie erweitert deine Perspektive und bezieht die „Opportunity Costs" des Zögerns in deine Überlegungen ein.

Ein besonders interessanter Aspekt des Nicht-Entscheidens ist sein Verhältnis zur Kontrolle. Viele Menschen schieben Entscheidungen auf, weil sie glauben, dadurch die Kontrolle zu behalten. In Wirklichkeit passiert oft das Gegenteil: Je länger du zögerst, desto mehr überlässt du die Kontrolle externen Faktoren und dem Zufall. Aktive Entscheidungen, selbst wenn sie sich später als suboptimal herausstellen, geben dir die Chance, den Kurs zu korrigieren und zu lernen. Passivität hingegen beraubt dich dieser Möglichkeit.

Dies führt uns zu einem wichtigen Grundsatz der Entscheidungsfindung: Eine aktive Entscheidung, selbst wenn sie nicht perfekt ist, ist fast immer besser als gar keine Entscheidung. Der amerikanische General George S. Patton drückte es so aus: „Eine gute Lösung, die sofort angewendet wird, ist besser als eine perfekte Lösung nächste Woche." Diese Weisheit gilt nicht nur im Militär, sondern in allen Lebensbereichen.

Um den Preis des Nicht-Entscheidens zu reduzieren, ist es hilfreich, einen klaren Zeitrahmen für wichtige Entscheidungen festzulegen. Statt eine Entscheidung auf unbestimmte Zeit aufzuschieben, setze dir ein konkretes Datum, bis zu dem du entschieden haben wirst. Dieser selbst auferlegte Zeitdruck kann paradoxerweise die Entscheidungsangst reduzieren und dir helfen, dich auf die wirklich relevanten Faktoren zu konzentrieren.

Praktische Übungen zur Überwindung von Entscheidungsangst

Nachdem wir nun die Psychologie der Entscheidungsangst, die 90% Regel und den wahren Preis des Nicht-Entscheidens verstanden haben, ist es Zeit für praktische Übungen, die dir helfen können, deine Entscheidungsfähigkeit zu verbessern.

Übung 1: Das Entscheidungstagebuch

Führe für zwei Wochen ein Tagebuch, in dem du alle wichtigen Entscheidungen notierst, die du triffst oder aufschiebst. Für jede Entscheidung halte fest:

- Um welche Entscheidung geht es?
- Wie lange denkst du schon darüber nach?
- Welche Emotionen löst die Entscheidung bei dir aus?
- Welche Informationen fehlen dir noch?
- Ist die Entscheidung revidierbar (90% Regel)?
- Was wäre der Preis des Nicht-Entscheidens?

Dieses Tagebuch hilft dir, Muster in deinem Entscheidungsverhalten zu erkennen und ein Bewusstsein für die versteckten Kosten des Zögerns zu entwickeln.

Übung 2: Die 10/10/10 Methode

Diese von der Autorin Suzy Welch entwickelte Methode hilft dir, Entscheidungen in einem breiteren zeitlichen Kontext zu sehen. Bei jeder wichtigen Entscheidung stelle dir drei Fragen:

1. Wie werde ich mich in 10 Minuten fühlen, nachdem ich diese Entscheidung getroffen habe?
   2. Wie werde ich mich in 10 Monaten fühlen?
   3. Wie werde ich mich in 10 Jahren fühlen?

Diese Methode hilft dir, sowohl kurzfristigen Stress als auch langfristige Auswirkungen in deine Entscheidung einzubeziehen und emotionale von strategischen Aspekten zu trennen.

Übung 3: Die Fremdperspektive

Wir sind oft weiser, wenn wir anderen Menschen Rat geben, als wenn wir für uns selbst entscheiden. Diese Übung nutzt diesen Effekt:

1. Stelle dir vor, ein Freund mit genau deinem Problem würde dich um Rat fragen.

2. Welchen Rat würdest du geben?

3. Welche Faktoren erscheinen dir aus dieser Perspektive wichtig, welche irrelevant?

Diese Technik schafft emotionale Distanz und hilft dir, deine Entscheidung objektiver zu betrachten.

Übung 4: Die Bedauerns-Minimierung

Studien zeigen, dass Menschen am Ende ihres Lebens selten die Dinge bereuen, die sie getan haben, sondern vielmehr jene, die sie nicht getan haben. Diese Übung nutzt diese Erkenntnis:

1. Stelle dir vor, du blickst am Ende deines Lebens zurück.

2. Würdest du eher bereuen, diese Entscheidung getroffen zu haben (selbst wenn sie sich als falsch herausstellt) oder sie nicht getroffen zu haben?

3. Welche Option würde mehr Bedauern erzeugen?

Diese langfristige Perspektive kann besonders hilfreich sein bei Entscheidungen, die Mut und Überwindung erfordern.

Übung 5: Die Entscheidungsregel

Entwickle klare, persönliche Entscheidungsregeln für wiederkehrende Entscheidungssituationen. Beispiele:

- „Ich sage automatisch Ja zu allem, was meine Top-3-Lebensziele unterstützt."

- „Ich sage automatisch Nein zu beruflichen Anfragen am Wochenende."

- „Bei Kaufentscheidungen unter 50 Euro entscheide ich sofort ohne langes Abwägen."

Solche Regeln reduzieren die kognitive Last bei häufigen Entscheidungen und schaffen Freiraum für wirklich wichtige Überlegungen.

Übung 6: Die Worst-Case-Analyse

Diese Übung hilft dir, irrationale Ängste zu reduzieren und realistische Notfallpläne zu entwickeln:

1. Frage dich: „Was ist das Schlimmste, das passieren könnte, wenn ich diese Entscheidung treffe?"

2. Wie wahrscheinlich ist dieses Worst-Case-Szenario wirklich?

3. Welche konkreten Schritte könntest du unternehmen, um mit diesem Szenario umzugehen?

4. Welche Ressourcen (finanziell, sozial, emotional) stünden dir zur Verfügung?

Diese Analyse macht abstrakte Ängste konkret und damit handhabbarer. Oft stellst du fest, dass selbst der schlimmste Fall weniger bedrohlich ist, als deine vage Angst dir einredet.

Fazit: Die Entscheidung, ein Entscheider zu werden

Die Fähigkeit, klare und zeitnahe Entscheidungen zu treffen, ist der Grundstein jedes starken Willens. Sie ist keine angeborene Eigenschaft, sondern eine erlernbare Fähigkeit, die du mit den Techniken in diesem Kapitel systematisch entwickeln kannst.

Erinnere dich: Die meisten Entscheidungen sind revidierbar. Der Preis des Nicht-Entscheidens ist oft höher als der einer Fehlentscheidung. Und jede getroffene Entscheidung, selbst wenn sie sich als nicht optimal herausstellt, ist eine Gelegenheit zum Lernen und Wachsen.

Letztendlich beginnt ein starker Wille mit einer fundamentalen Meta-Entscheidung: der Entscheidung, ein Entscheider zu werden. Der Entscheidung, nicht länger in der Grauzone des Unentschlossenen zu verharren, sondern aktiv die Richtung deines Lebens zu bestimmen.

Im nächsten Kapitel werden wir uns praktischen Methoden widmen, die dir helfen, schneller und sicherer zu entscheiden – von der 2-Minuten-Regel bis hin zu komplexen Entscheidungsmatrizen. Diese Werkzeuge werden dein Entscheidungs-Arsenal erweitern und dir helfen, vom endlosen Abwägen ins entschlossene Handeln zu kommen.

Reflexionsfragen zum Kapitel:

1. Welche Entscheidung schiebst du aktuell auf, und was sind die versteckten Kosten dieses Aufschiebens?

2. Bei welchen Arten von Entscheidungen fällt es dir besonders schwer, dich festzulegen?

3. Wie könntest du die 90% Regel auf eine aktuelle Entscheidungssituation in deinem Leben anwenden?

4. Welche der vorgestellten Übungen erscheint dir am hilfreichsten für deine persönliche Situation?

5. Was wäre die eine Entscheidung, die – wenn du sie jetzt treffen würdest – die größte positive Veränderung in deinem Leben bewirken könnte?

Praktische Methoden zur schnellen Entscheidungsfindung

Stell dir vor, du stehst in einer Buchhandlung. Vor dir liegen zwei Bücher, die dich gleichermaßen interessieren. Du hast nur Geld für eines. Zehn Minuten vergehen, dann zwanzig. Du liest die Klappentexte mehrmals, blätterst durch die Seiten, suchst nach Rezensionen auf deinem Smartphone. Am Ende verlässt du den Laden mit leeren Händen – erschöpft von der Entscheidung und ohne das Lesevergnügen, das dir eines der Bücher beschert hätte.

Diese Alltagssituation zeigt ein verbreitetes Problem: Wir verschwenden unverhältnismäßig viel Zeit für relativ unbedeutende Entscheidungen. Gleichzeitig fällen wir wichtige Lebensentscheidungen oft impulsiv oder schieben sie endlos auf. Was fehlt, ist ein strukturierter Ansatz – ein Set an Werkzeugen, das uns hilft, bei verschiedenen Entscheidungstypen angemessen zu reagieren.

Genau diese Werkzeuge möchte ich dir in diesem Kapitel vorstellen: praktische Methoden, die dir helfen, schneller und besser zu entscheiden. Dabei gilt es, die richtige Balance zu finden: Nicht jede Entscheidung verdient den gleichen Aufwand. Eine Methode, die für die Berufswahl perfekt ist, wäre für die Frühstücksauswahl völlig überdimensioniert. Umgekehrt reicht der Bauchentscheid, der bei der Restaurantwahl funktioniert, für langfristige Finanzentscheidungen nicht aus.

Ich stelle dir daher Methoden verschiedener Komplexitätsstufen vor – von der blitzschnellen 2-Minuten-Regel bis zur tiefgehenden Entscheidungsmatrix für Lebensentscheidungen. So kannst du für jede Situation das passende Werkzeug wählen.

Die 2-Minuten-Regel: Sofort entscheiden bei kleinen Dingen

Die 2-Minuten-Regel stammt ursprünglich aus David Allens Produktivitätssystem „Getting Things Done" und besagt: Wenn eine Aufgabe weniger als zwei Minuten in Anspruch nimmt, erledige sie sofort. Ich habe diese Regel für die Entscheidungsfindung adaptiert: Wenn eine Entscheidung wenig Konsequenzen hat und in zwei Minuten getroffen werden kann, entscheide sofort.

Diese Regel ist so kraftvoll, weil sie den kognitiven Ballast reduziert, den wir täglich mit uns herumschleppen. Unser Gehirn hat eine begrenzte Entscheidungskapazität – ein Phänomen, das Psychologen als „Entscheidungsmüdigkeit" bezeichnen. Jede Entscheidung, egal wie klein, verbraucht einen Teil dieser wertvollen Ressource. Indem du Kleinentscheidungen sofort triffst, sparst du mentale Energie für wirklich wichtige Entscheidungen.

Wie funktioniert die 2-Minuten-Regel in der Praxis? Stelle dir bei jeder Entscheidung diese zwei Fragen:

1. Kann ich diese Entscheidung in unter zwei Minuten treffen?

2. Sind die potentiellen negativen Konsequenzen minimal?

Wenn du beide Fragen mit „Ja" beantworten kannst, entscheide sofort. Keine Recherche, keine Rücksprache, keine Pro-und-Contra-Liste – einfach entscheiden und weitermachen.

Typische Entscheidungen für die 2-Minuten-Regel sind:
- Was esse ich zum Mittag?
- Welches T-Shirt ziehe ich heute an?
- Beantworte ich diese E-Mail jetzt oder später?
- Welchen Film schaue ich heute Abend?
- Nehme ich den Bus oder gehe ich zu Fuß?

Thomas, ein chronischer Überdenker, wendete die 2-Minuten-Regel in seinem Alltag an und war überrascht, wie viel mentale Freiheit er gewann. Vorher konnte er zehn Minuten vor dem Kühlschrank stehen und überlegen, was er essen sollte. Jetzt entscheidet er in Sekundenschnelle und spart täglich Stunden an kumulierter Entscheidungszeit.

Ein wichtiger Hinweis: Die 2-Minuten-Regel gilt nur für Entscheidungen mit geringem Risiko. Sie ist kein Freibrief für Impulsivität bei wichtigen Entscheidungen. Der Schlüssel liegt darin, zu erkennen, welche Entscheidungen diese schnelle Behandlung verdienen und welche nicht.

Um die 2-Minuten-Regel zu meistern, hilft es, eine persönliche Liste von „Schnellentscheidungs-Kategorien" zu erstellen – Bereiche, in denen du dir erlaubst, ohne langes Nachdenken zu entscheiden. Überprüfe regelmäßig, ob diese Kategorien für dich noch sinnvoll sind oder ob du bestimmte Entscheidungen doch lieber ausführlicher betrachten möchtest.

Die 5-3-1 Methode: Von fünf Optionen zu einer Entscheidung

Nicht alle Entscheidungen lassen sich in zwei Minuten treffen. Besonders wenn mehrere Optionen zur Auswahl stehen, kann der Entscheidungsprozess komplex werden. Hier kommt die 5-3-1 Methode ins Spiel – ein strukturierter Ansatz, um schnell von vielen Optionen zu einer klaren Entscheidung zu gelangen.

Die Methode funktioniert in drei einfachen Schritten:

Schritt 1: Identifiziere maximal fünf Optionen.

Begrenze deine Auswahl auf höchstens fünf Möglichkeiten. Falls du mehr hast, führe eine schnelle Vorauswahl durch und behalte nur die fünf vielversprechendsten Optionen. Diese Begrenzung verhindert die Überlastung durch zu viele Alternativen – ein Phänomen, das Psychologen als „Choice Overload" bezeichnen.

Schritt 2: Reduziere auf drei Favoriten.

Streiche zwei Optionen und behalte nur die drei besten. Diese Auswahl kannst du intuitiv treffen oder anhand eines einfachen Kriteriums wie

„Welche Optionen passen am besten zu meinen Zielen?".

Schritt 3: Wähle eine Option und handle.

Aus den verbliebenen drei Optionen wählst du nun die eine, die du umsetzen wirst. Hier kannst du entweder nach Bauchgefühl entscheiden oder ein entscheidendes Kriterium anwenden.

Die Stärke dieser Methode liegt in ihrer Struktur. Sie zwingt dich, den Entscheidungsprozess in überschaubare Schritte zu unterteilen und verhindert das endlose Kreisen zwischen zu vielen Optionen. Gleichzeitig ist sie flexibel genug, um sowohl intuitive als auch rationale Entscheidungselemente zu integrieren.

Maria, eine Grafikdesignerin, nutzt die 5-3-1 Methode regelmäßig bei der Auswahl von Design-Konzepten für ihre Kunden. Statt zwanzig verschiedene Entwürfe zu erstellen, entwickelt sie zunächst fünf grundlegende Konzepte, reduziert diese auf drei ausgearbeitete Vorschläge und präsentiert schließlich einen finalen Favoriten. Dieses Vorgehen hat nicht nur ihre Produktivität gesteigert, sondern auch die Zufriedenheit ihrer Kunden erhöht, da diese nicht mehr von zu vielen Optionen überfordert werden.

Die 5-3-1 Methode eignet sich besonders für:

- Mittelschwere Entscheidungen mit mehreren vernünftigen Optionen

- Entscheidungen unter Zeitdruck, bei denen ein strukturierter Prozess helfen kann

- Situationen, in denen du dich zwischen ähnlichen Alternativen entscheiden musst

Ein Tipp zur effektiven Anwendung: Lege vor Beginn des Prozesses fest, wie viel Zeit du für jeden Schritt verwenden willst. So verhinderst du, dass aus einem strukturierten Schnellverfahren doch wieder ein endloser Entscheidungsmarathon wird.

Pro/Contra-Analyse mit zeitlicher Begrenzung

Die klassische Pro/Contra-Liste ist ein bekanntes Entscheidungswerkzeug – aber in ihrer traditionellen Form oft ineffektiv. Warum? Weil sie zeitlich unbegrenzt ist und zu endlosem Hinzufügen neuer Punkte verleitet. Die zeitlich begrenzte Pro/Contra-Analyse löst dieses Problem und macht aus einem potenziell endlosen Prozess ein effizientes Entscheidungswerkzeug.

So funktioniert es:

1. Definiere die Entscheidungsfrage klar (z.B. „ob ich Job A oder Job B annehmen?").
2. Setze einen Timer auf exakt 10 Minuten.
3. Teile ein Blatt Papier in vier Quadranten: Pro A, Contra A, Pro B, Contra B.
4. Fülle so viele Punkte wie möglich in allen vier Quadranten aus, bis der Timer klingelt.
5. Markiere in jedem Quadranten die drei wichtigsten Punkte.

6. Triff deine Entscheidung basierend auf diesen markierten Schlüsselpunkten.

Die zeitliche Begrenzung hat mehrere Vorteile: Sie verhindert Überanalyse, zwingt dich zur Fokussierung auf das Wesentliche und aktiviert dein Unterbewusstsein, das unter Zeitdruck oft besser arbeitet. Die Markierung der wichtigsten Punkte hilft zudem, nicht in die Falle zu tappen, Entscheidungen nach der Quantität statt der Qualität der Argumente zu treffen.

Diese Methode kombiniert das Beste aus zwei Welten: die strukturierte Analyse der klassischen Pro/Contra-Liste und die Effizienz schneller Entscheidungsmethoden. Sie ist besonders geeignet für binäre Entscheidungen (entweder A oder B) mit mehreren relevanten Faktoren.

Andreas, ein IT-Projektleiter, nutzt diese Methode, wenn er zwischen zwei technischen Lösungsansätzen entscheiden muss. Früher konnte er Tage mit dem Abwägen verschiedener Optionen verbringen. Heute setzt er sich einen 10-Minuten-Timer, führt die Analyse durch und trifft dann eine Entscheidung. Seine Erfolgsquote hat sich nicht verschlechtert – aber seine Effizienz hat sich drastisch verbessert.

Eine Variante dieser Methode ist die gewichtete Pro/Contra-Analyse. Dabei vergibst du jedem markierten Schlüsselpunkt eine Wichtigkeit von 1-5. Diese Zahlen multiplizierst du mit einem Wert von +2 (sehr positiv) bis -2 (sehr negativ). So erhältst du eine numerische Gesamtbewertung, die bei komplexeren Entscheidungen hilfreich sein kann. Auch hier ist der Zeitfaktor entscheidend: Begrenze die Gesamtanalyse auf maximal 20 Minuten.

Entscheidungsmatrizen für komplexere Lebensentscheidungen

Bei wirklich wichtigen Lebensentscheidungen – etwa einem Wohnortwechsel, einer Karriereentscheidung oder der Wahl eines Lebenspartners – reichen die bisher vorgestellten Methoden möglicherweise nicht aus. Hier kommen Entscheidungsmatrizen ins Spiel: strukturierte Werkzeuge, die multiple Faktoren und deren relative Wichtigkeit berücksichtigen.

Eine einfache, aber effektive Entscheidungsmatrix lässt sich in vier Schritten erstellen:

Schritt 1: Identifiziere alle relevanten Optionen.

Liste alle realistischen Alternativen auf, zwischen denen du entscheiden musst.

Schritt 2: Bestimme die wichtigsten Entscheidungskriterien.

Was ist dir bei dieser Entscheidung wirklich wichtig? Beispiel für einen Umzug: Lebensqualität, Karrieremöglichkeiten, Nähe zur Familie, Kulturangebot, Klima, Kosten, etc.

Schritt 3: Gewichte die Kriterien nach ihrer Bedeutung.

Nicht alle Kriterien sind gleich wichtig. Vergib für jedes Kriterium eine Gewichtung von 1 (unwichtig) bis 5 (essentiell). Diese Gewichtung ist hochindividuell und sollte deine persönlichen Werte widerspiegeln.

Schritt 4: Bewerte jede Option nach jedem Kriterium.

Erstelle eine Tabelle mit den Optionen in den Zeilen und den Kriterien in den Spalten. Bewerte jede Option für jedes Kriterium auf einer Skala von 1 (sehr schlecht) bis 10 (exzellent). Multipliziere diese Bewertung mit der Gewichtung des Kriteriums. Die Summe dieser gewichteten Bewertungen ergibt die Gesamtpunktzahl für jede Option.

Beispiel: Elena steht vor der Entscheidung, ob sie in ihrer Heimatstadt bleiben, nach Berlin ziehen oder ein Angebot in München annehmen soll. Sie erstellt folgende Matrix (vereinfacht dargestellt):

Kriterien (Gewichtung): Karriere (5), Familie (4), Lebensqualität (3), Kosten (2)

Option	Karriere (5)	Familie (4)	Lebensqualität (3)	Kosten (2)	Gesamt
Heimatstadt	6 × 5 = 30	10 × 4 = 40	7 × 3 = 21	8 × 2 = 16	107
Berlin	9 × 5 = 45	3 × 4 = 12	8 × 3 = 24	5 × 2 = 10	91
München	8 × 5 = 40	6 × 4 = 24	9 × 3 = 27	4 × 2 = 8	99

Nach dieser Analyse scheint die Heimatstadt die beste Wahl, obwohl Berlin karrieretechnisch am stärksten wäre. Die Nähe zur Familie gibt in Elenas Fall den Ausschlag.

Die Entscheidungsmatrix bietet mehrere Vorteile: Sie zwingt zu einer strukturierten Betrachtung aller relevanten Faktoren, macht subjektive Präferenzen explizit und reduziert emotionale Verzerrungen. Gleichzeitig berücksichtigt sie durch die individuelle Gewichtung deine persönlichen Werte und Prioritäten.

Wichtig: Die Entscheidungsmatrix ist ein Werkzeug, keine Kristallkugel. Das Ergebnis solltest du als informierte Empfehlung betrachten, nicht als unumstößliche Wahrheit. Wenn das Ergebnis der Matrix sich „falsch anfühlt", ist das ein wichtiges Signal. Hinterfrage in diesem Fall, ob du alle relevanten Kriterien berücksichtigt oder sie angemessen gewichtet hast.

Eine erweiterte Version dieser Methode ist die „Future Scenario Matrix". Dabei bewertest du nicht nur den aktuellen Zustand, sondern auch, wie die verschiedenen Optionen in Zukunftsszenarien abschneiden würden (z.B. wirtschaftlicher Abschwung, Familiengründung, gesundheitliche Probleme). Diese vorausschauende Analyse kann besonders bei langfristigen Entscheidungen wertvoll sein.

Die „Glaskugel"-Technik für emotionale Klarheit

Während die bisher vorgestellten Methoden stark auf rationale Analyse setzen, ist die „Glaskugel"-Technik eine Brücke zwischen rationalem Denken und emotionaler Intelligenz. Sie basiert auf der Erkenntnis, dass unser Unterbewusstsein oft mehr weiß, als wir bewusst erfassen können.

So funktioniert die Technik:

1. Setze dich an einen ruhigen Ort und schließe die Augen.

2. Stelle dir vor, du hättest eine magische Glaskugel, die dir die Zukunft zeigen kann.

3. Visualisiere, dass du Option A gewählt hast. Wie fühlt sich dein Leben in einem Jahr an? Was

tust du? Bist du glücklich? Achte besonders auf körperliche Reaktionen – Anspannung, Erleichterung, Aufregung.

4. Notiere sofort deine Eindrücke und Gefühle.

5. Wiederhole den Prozess für alle anderen Optionen.

6. Vergleiche deine emotionalen Reaktionen und Zukunftsbilder.

Diese Methode nutzt die Kraft der Visualisierung und des emotionalen Wissens. Sie ist besonders wertvoll für Entscheidungen, bei denen Werte, Lebensziele und persönliches Wohlbefinden eine große Rolle spielen.

Karina stand vor der Entscheidung, ob sie eine sichere Stelle in einer großen Firma annehmen oder ihr eigenes Unternehmen gründen sollte. Rational betrachtet bot die Festanstellung mehr Sicherheit und ein höheres Einstiegsgehalt. Als sie jedoch die Glaskugel-Technik anwendete, stellte sie fest, dass die Vorstellung der Selbständigkeit in ihr Gefühle von Lebendigkeit und Begeisterung auslöste, während die Festanstellung ein Gefühl von Enge und Resignation hervorrief. Diese emotionale Klarheit gab ihr den Mut, den unternehmerischen Weg zu wählen – eine Entscheidung, die sie bis heute nicht bereut hat.

Ein wissenschaftlicher Hintergrund: Die Glaskugel-Technik aktiviert Hirnareale, die für emotionale Verarbeitung und Vorhersage zuständig sind. Diese Bereiche haben Zugang zu impliziten Wissensbeständen, die unserem rationalen Denken oft verborgen bleiben. Neurowissenschaftliche Studien zeigen, dass Entscheidungen, die nur rational getroffen werden, oft weniger nachhaltig sind als solche, die auch die emotionale Dimension einbeziehen.

Kombiniere diese Technik idealerweise mit einer der rationalen Methoden. Die Entscheidungsmatrix kann dir zeigen, was logisch die beste

Wahl wäre, während die Glaskugel-Technik prüft, ob diese Wahl auch emotional stimmig ist.

Die „Killer-Kriterien"-Methode für schnelle Ausschlüsse

Die letzte Methode, die ich dir vorstellen möchte, ist die „Killer-Kriterien"-Methode. Sie ist besonders nützlich, wenn du aus vielen Optionen auswählen musst und nach einer schnellen Vorfilterung suchst.

Die Grundidee ist einfach: Anstatt jede Option detailliert zu analysieren, definierst du zwei bis drei absolute Muss-Kriterien oder „Killer-Kriterien". Jede Option, die eines dieser Kriterien nicht erfüllt, scheidet sofort aus. So kannst du schnell den Entscheidungsraum eingrenzen.

Beispiel: Alexander sucht eine neue Wohnung und hat folgende Killer-Kriterien festgelegt:
    1. Maximale Miete: 800 Euro

2. Maximal 30 Minuten Pendelzeit zur Arbeit

3. Mindestens 60 m² Wohnfläche

Jede Wohnung, die eines dieser Kriterien nicht erfüllt, wird sofort ausgeschlossen. Erst die verbleibenden Optionen werden genauer unter die Lupe genommen.

Diese Methode spart enorm viel Zeit und mentale Energie. Statt zwanzig Wohnungen ausführlich zu vergleichen, konzentriert sich Alexander vielleicht nur noch auf drei oder vier, die alle Grundvoraussetzungen erfüllen.

Die Killer-Kriterien-Methode funktioniert am besten, wenn die Kriterien:

- Wirklich entscheidend sind (daher der Name „Killer")

- Klar messbar sind (ja/nein, nicht „vielleicht")

- Tatsächlich deine echten Prioritäten widerspiegeln

Ein häufiger Fehler ist die Definition zu vieler Killer-Kriterien. Mehr als drei oder vier führen oft dazu, dass keine Option übrig bleibt. Beschränke dich auf die wirklich wesentlichen Anforderungen.

Die Methode eignet sich besonders für:

- Konsumentscheidungen (Produkte, Dienstleistungen)

- Erste Filterung bei vielen Optionen (Jobs, Wohnungen, Reiseziele)

- Situationen, in denen bestimmte Mindestanforderungen nicht verhandelbar sind

In Kombination mit anderen Methoden ist die Killer-Kriterien-Methode besonders effektiv. Verwende sie als ersten Schritt, um die Optionsmenge zu reduzieren, und wende dann eine der detaillierteren Methoden auf die verbliebenen Kandidaten an.

Integration der Methoden in deinen Alltag

Du hast nun fünf praktische Methoden kennen gelernt, die dir helfen können, schneller und besser zu entscheiden. Die Kunst besteht darin, für jede Entscheidungssituation die passende Methode zu wählen.

Hier eine einfache Faustregel:

- Für kleine, alltägliche Entscheidungen: Die 2-Minuten-Regel
 - Für Entscheidungen mit mehreren guten Optionen: Die 5-3-1 Methode
 - Für binäre Entscheidungen mit mehreren Faktoren: Pro/Contra-Analyse mit Zeitlimit
 - Für große Lebensentscheidungen: Entscheidungsmatrix, ggf. kombiniert mit der Glaskugel-Technik
 - Für die schnelle Reduktion vieler Optionen: Die Killer-Kriterien-Methode

Mit der Zeit wirst du ein Gespür dafür entwickeln, welche Methode in welcher Situation am besten funktioniert. Wichtig ist, dass du überhaupt eine Methode anwendest, statt ziellos zwischen Optionen hin und her zu schwanken oder aus dem Bauch heraus wichtige Entscheidungen zu treffen.

Eine effektive Strategie zur Integration dieser Methoden ist das „Entscheidungs-Journaling". Führe für eine Woche ein Tagebuch über deine Entscheidungen:

- Welche Entscheidung stand an?
- Welche Methode hast du angewendet?
- Wie zufrieden warst du mit dem Ergebnis?

Diese Reflexion hilft dir, deine Entscheidungsmuster zu erkennen und die Methoden an deine persönlichen Bedürfnisse anzupassen.

Bedenke auch: Je mehr du diese Methoden anwendest, desto schneller und intuitiver werden sie. Was anfangs vielleicht umständlich erscheint, wird mit der Zeit zu einer natürlichen Denkweise.

Übung: Dein persönliches Entscheidungsprotokoll

Zum Abschluss dieses Kapitels möchte ich dich einladen, dein persönliches Entscheidungsprotokoll zu entwickeln – einen Leitfaden, der dir hilft, für verschiedene Entscheidungstypen die passende Methode auszuwählen.

Beantworte dafür folgende Fragen:

1. Welche Art von Entscheidungen fallen dir besonders schwer? (z.B. finanzielle Entscheidungen, Karriereentscheidungen, Beziehungsentscheidungen)

2. Welche der vorgestellten Methoden erscheint dir für diese schwierigen Entscheidungen am hilfreichsten?

3. Für welche alltäglichen Entscheidungen könntest du die 2-Minuten-Regel anwenden?

4. Bei welchen wiederkehrenden Entscheidungen könntest du feste Regeln etablieren, um den Entscheidungsprozess zu automatisieren? (z.B. „Jeden Freitag esse ich vegetarisch" oder „Bei Anschaffungen unter 50 Euro entscheide ich sofort.")

5. Wer könnte dein „Entscheidungspartner" sein – jemand, mit dem du wichtige Entscheidungen besprechen kannst, der aber nicht direkt von der Entscheidung betroffen ist?

Basierend auf deinen Antworten erstellst du ein persönliches Entscheidungsprotokoll, das definiert, welche Methode du für welchen Entscheidungstyp anwenden willst. Dieses Protokoll wird dir helfen, vom reaktiven zum proaktiven Entscheider zu werden.

Fazit: Vom Zögern zum zielgerichteten Entscheiden

Die Fähigkeit, schnell und gut zu entscheiden, ist keine angeborene Eigenschaft, sondern eine erlernbare Fertigkeit. Mit den vorgestellten Methoden hast du nun ein Arsenal an Werkzeugen, die dir helfen, je nach Situation die richtige Entscheidungsstrategie zu wählen.

Erinnere dich: Eine gute Entscheidung jetzt ist besser als eine perfekte Entscheidung zu spät. Oft ist es wichtiger, überhaupt zu entscheiden, als die absolut optimale Wahl zu treffen. Denn jede Entscheidung bringt dich weiter, gibt dir neue Informationen und öffnet neue Möglichkeiten.

Im nächsten Kapitel werden wir uns damit beschäftigen, wie du mit Fehlentscheidungen umgehen kannst – denn auch das gehört zu einem starken Willen: die Fähigkeit, aus Fehlern zu lernen und flexibel den Kurs zu korrigieren, wenn nötig.

Reflexionsfragen zum Kapitel:

1. Welche der vorgestellten Methoden könntest du sofort in deinem Alltag anwenden?

2. Bei welcher aktuellen Entscheidung könntest du die Entscheidungsmatrix ausprobieren?

3. Wo setzt du die 2-Minuten-Regel bereits unbewusst ein?

4. Welche wiederkehrenden Entscheidungen könntest du durch feste Regeln automatisieren?

5. Was ist deine größte Erkenntnis aus diesem Kapitel?

Mit Fehlentscheidungen umgehen

Es war ein Montagmorgen, als Stefan die E-Mail öffnete, die seine berufliche Laufbahn verändern sollte. Ein renommiertes Unternehmen bot ihm eine Führungsposition mit doppeltem Gehalt und prestigeträchtigem Titel. Nach zwei Wochen intensiven Abwägens kündigte er seinen alten Job und nahm das Angebot an. Sechs Monate später saß er in seiner luxuriösen Bürosuite und fühlte sich elender als je zuvor. Die Unternehmenskultur war toxisch, seine Werte kollidierten täglich mit den Erwartungen der Geschäftsführung, und seine Arbeitszeiten hatten sein Familienleben auf ein Minimum reduziert.

„Ich habe einen furchtbaren Fehler gemacht", gestand er seinem Freund beim Mittagessen. „Aber jetzt sitze ich in der Falle. Ich kann nicht zurück, und ich kann mir nicht vorstellen, das jahrelang durchzuhalten."

Stefans Geschichte illustriert eine universelle Erfahrung: Wir alle treffen Fehlentscheidungen. Manchmal sind sie klein und folgenlos, manchmal haben sie erhebliche Auswirkungen auf unser

Leben. Der entscheidende Unterschied zwischen Menschen mit starkem und schwachem Willen liegt nicht darin, ob sie Fehler machen – sondern wie sie damit umgehen.

Warum Fehlentscheidungen wertvoll sind

In einer Leistungsgesellschaft, die Perfektion glorifiziert, erscheinen Fehlentscheidungen oft als persönliches Versagen. Diese Sichtweise übersieht jedoch den immensen Wert, den Fehlentscheidungen für unsere Entwicklung haben können.

Fehlentscheidungen sind unsere effektivsten Lehrmeister. Wenn du eine falsche Abzweigung nimmst und in einer Sackgasse landest, lernst du nicht nur, diesen speziellen Weg zu vermeiden, sondern entwickelst auch ein besseres Verständnis für das gesamte Terrain. Jede Fehlentscheidung enthält Informationen, die du vorher nicht hattest – Informationen, die deine zukünftigen Entscheidungen verbessern können.

Die Geschichte der Innovation ist voll von produktiven Fehlschlägen. Thomas Edison probierte angeblich 10.000 Materialien als Glühfaden aus, bevor er den richtigen fand. Jeder Fehlschlag brachte ihn seinem Ziel näher. Wie er selbst sagte: „Ich bin nicht gescheitert. Ich habe nur 10.000 Wege gefunden, die nicht funktionieren."

Diese experimentelle Denkweise unterscheidet erfolgreiche von erfolglosen Menschen. Während die einen Fehlentscheidungen als Beweis ihrer Unfähigkeit interpretieren, sehen die anderen sie als notwendige Schritte auf dem Weg zum Ziel.

Ein weiterer wertvoller Aspekt von Fehlentscheidungen ist die Charakterbildung. Wenn du lernst, mit Rückschlägen umzugehen, entwickelst du Resilienz – die Fähigkeit, dich von Widrigkeiten zu erholen. Diese psychische Widerstandskraft ist ein Schlüsselmerkmal von Menschen mit starkem Willen.

Fehlentscheidungen schärfen zudem dein Urteilsvermögen. Nach jeder suboptimalen Wahl verfeinert dein Gehirn seine internen Modelle der Welt. Du entwickelst ein besseres Gespür dafür, welche Faktoren wichtig sind und wie verschiedene Variablen zusammenspielen. Dieses implizite Wissen – oft als „Bauchgefühl" bezeichnet – basiert größtenteils auf der Verarbeitung früherer Fehler.

Nicht zuletzt können Fehlentscheidungen unerwartete Türen öffnen. Die Geschichte ist voll von „glücklichen Unfällen" – Penicillin wurde durch einen Laborfehler entdeckt, Postits entstanden aus einem misslungenen Klebstoff, und zahlreiche Karrieren begannen mit einer vermeintlichen Fehlentscheidung, die sich später als Glücksfall erwies.

Mein Freund Robert wollte eigentlich Anwalt werden und begann ein Jurastudium. Nach zwei Semestern erkannte er, dass dies ein Fehler war – die Materie interessierte ihn nicht, und die Arbeitsweise lag ihm nicht. Er brach das Studium ab, was ihm damals wie ein massives Versagen vorkam. Auf der Suche nach einer neuen Richtung nahm er einen Teilzeitjob in einer Werbeagentur an. Dort entdeckte er sein Talent für Kreativtext und strategisches Denken. Heute, fünfzehn Jahre später, leitet er seine eigene erfolgreiche Agentur und ist dankbar für die „Fehlentscheidung", die ihn dorthin geführt hat.

Um den Wert von Fehlentscheidungen wirklich zu nutzen, musst du deine Perspektive ändern: Betrachte sie nicht als Beweise deiner Unzulänglichkeit, sondern als wertvolle Datenpunkte auf deinem Lernweg. Jedes „Nein" bringt dich dem richtigen „Ja" näher.

Die Kunst, eine Entscheidung zu revidieren ohne Selbstzweifel

Eine der größten Herausforderungen im Umgang mit Fehlentscheidungen ist die Fähigkeit, den Kurs zu korrigieren, ohne in Selbstzweifel zu versinken. Viele Menschen halten an schlechten Entscheidungen fest, nur weil sie Angst haben, ein Scheitern einzugestehen oder als wankelmütig zu erscheinen.

Diese Denkfalle wird als „Sunk Cost Fallacy" (Versunkene-Kosten-Falle) bezeichnet – die Tendenz, an einer suboptimalen Situation festzuhalten, weil wir bereits Zeit, Geld oder Energie investiert haben. „Ich habe schon drei Jahre in diese Beziehung investiert, ich kann jetzt nicht aufgeben" oder „Ich habe so viel für mein Studium bezahlt, ich muss es durchziehen" sind typische Beispiele dieses verzerrten Denkens.

Um eine Entscheidung souverän zu revidieren, solltest du folgende Prinzipien beherzigen:

1. Trenne vergangene Kosten von zukünftigem Nutzen

Was du bisher investiert hast, ist irrelevant für die Entscheidung, ob du weitermachen solltest. Die einzige relevante Frage ist: „Ausgehend von meiner jetzigen Situation, ist dies der beste Weg nach vorne?" Vergangene Investitionen sind vergangen – lass sie nicht deine Zukunft diktieren.

2. Reframing: Es ist keine Niederlage, sondern ein Kurswechsel

Wenn du eine Entscheidung revidierst, bedeutet das nicht, dass die ursprüngliche Entscheidung „falsch" war. Mit den Informationen, die du damals hattest, war sie vielleicht völlig rational. Jetzt hast du neue Informationen und passt entsprechend an. Das ist nicht Schwäche, sondern Intelligenz.

3. Kommuniziere selbstbewusst

Wenn deine revidierte Entscheidung andere betrifft, kommuniziere sie klar und selbstbewusst. Statt „Es tut mir leid, ich habe einen Fehler gemacht" sage lieber „Basierend auf neuen Erkenntnissen habe ich beschlossen, meinen Ansatz anzupassen." Die Formulierung macht einen enormen Unterschied für deine eigene Psyche und für die Wahrnehmung durch andere.

4. Lerne, ohne zu bereuen

Bedauern ist eine unproduktive Emotion. Es hält dich in der Vergangenheit gefangen und raubt dir Energie für die Zukunft. Statt zu bereuen, ziehe Lehren. Frage dich: „Was kann ich aus dieser Erfahrung für zukünftige Entscheidungen mitnehmen?" Diese zukunftsorientierte Perspektive verwandelt jeden Fehler in einen Vermögenswert.

5. Betrachte Kurskorrekturen als Zeichen von Stärke

Die Fähigkeit, den Kurs zu korrigieren, ist ein Zeichen von Intelligenz und Charakterstärke, nicht von Schwäche. Die Geschichte ist voll von erfolgreichen Menschen, die ihre Richtung mehrfach änderten. Jeff Bezos begann nicht mit einem Online-Buchladen, Steve Jobs wurde gefeuert und kam zurück, und Instagram war ursprünglich eine Check-in-App namens Burbn, bevor die Gründer einen radikalen Kurswechsel vollzogen.

Kehren wir zu Stefan aus der Eingangsgeschichte zurück. Nach drei Monaten des Leidens fasste er einen Entschluss: Er würde die Stelle kündigen, auch wenn es bedeutete, sein Ego zu schlucken. Er arrangierte ein Gespräch mit seinem alten Arbeitgeber und erklärte offen, dass die neue Position nicht seinen Werten entsprach. Zu seiner Überraschung bot ihm sein alter Chef nicht nur seine Position wieder an, sondern auch mehr Verantwortung und bessere Konditionen – sie hatten ihn vermisst. Heute sagt Stefan: „Die Fehlentscheidung zu korrigieren war schwerer als jede andere Entscheidung in meinem Leben – aber auch die befreiendste."

Eine praktische Übung zum souveränen Revidieren von Entscheidungen:

1. Identifiziere eine aktuelle Situation, an der du festhältst, obwohl sie dir nicht mehr dient.

2. Liste alle Gründe auf, warum du daran festhältst (emotionale, praktische, soziale).

3. Frage dich für jeden Grund: „Ist dies ein zukunftsorientierter Grund oder ein vergangenheitsorientierter Grund?"

4. Entwickle eine Ausstiegsstrategie: Wie könntest du diese Situation mit minimalem Schaden verlassen?

5. Verfasse eine selbstbewusste Erklärung für deinen Kurswechsel (für dich selbst und für andere).

Diese Übung hilft dir, dich von der emotionalen Belastung einer Fehlentscheidung zu lösen und einen rationalen, zukunftsorientierten Ansatz zu finden.

Aus Fehlentscheidungen lernen - das praktische Nachbesprechungs-Protokoll

Eine Fehlentscheidung zu revidieren ist der erste Schritt. Der zweite, ebenso wichtige Schritt ist, systematisch aus dieser Erfahrung zu lernen. Hier kommt das praktische Nachbesprechungs-Protokoll ins Spiel – eine strukturierte Methode, um aus jeder Fehlentscheidung maximale Erkenntnisse zu gewinnen.

Dieses Protokoll basiert auf bewährten Techniken, die in Hochleistungsbereichen wie Militär, Medizin und Luftfahrt eingesetzt werden. Es besteht aus fünf Schlüsselfragen:

1. Was genau ist passiert?
Beschreibe die Situation objektiv und faktenbasiert, ohne Schuldzuweisungen oder emotionale

Bewertungen. „Ich nahm Job X an und kündigte nach sechs Monaten, weil die Unternehmenskultur nicht zu meinen Werten passte" statt „Ich habe einen schrecklichen Fehler gemacht."

2. Welche Annahmen haben meine Entscheidung beeinflusst?

Identifiziere die expliziten und impliziten Annahmen, die du getroffen hast. Vielleicht hast du angenommen, dass ein höheres Gehalt automatisch zu mehr Zufriedenheit führt. Oder dass die Unternehmenskultur ähnlich sein würde wie in deinem vorherigen Job. Das Erkennen dieser Annahmen ist entscheidend für bessere zukünftige Entscheidungen.

3. Welche Informationen haben mir gefehlt?

Welche Daten hättest du gebraucht, um eine bessere Entscheidung zu treffen? Vielleicht hättest du mit mehr Mitarbeitern des neuen Unternehmens sprechen sollen. Oder du hättest die Arbeitszeiten genauer erfragen können. Diese

Erkenntnis hilft dir, bei zukünftigen Entscheidungen gezielter zu recherchieren.

4. Welches Muster erkenne ich?

Ist dies Teil eines größeren Musters in deinem Entscheidungsverhalten? Neigst du generell dazu, materielle Faktoren zu überbewerten und kulturelle zu unterschätzen? Bist du zu optimistisch, was deine Anpassungsfähigkeit betrifft? Das Erkennen von Mustern hilft dir, tiefer liegende Denkfehler zu korrigieren.

5. Was werde ich beim nächsten Mal anders machen?

Formuliere konkrete, handlungsorientierte Schlussfolgerungen. Nicht „Ich werde besser aufpassen", sondern „Bei der nächsten Jobentscheidung werde ich mindestens drei aktuelle Mitarbeiter nach der Arbeitskultur befragen und einen Probetag vereinbaren."

Die Kraft dieses Protokolls liegt in seiner Struktur. Es verhindert zwei häufige Fehler im Umgang mit Fehlentscheidungen: übermäßige Selbstkritik (die zu Lähmung führt) und oberflächliche Analyse (die wiederkehrende Fehler nicht verhindert).

Für maximalen Nutzen solltest du dieses Protokoll schriftlich durchführen. Der Akt des Schreibens zwingt zu präziserem Denken und schafft einen externen Bezugspunkt, auf den du später zurückgreifen kannst. Führe eine „Fehler-Lernjournal", in dem du jede Fehlentscheidung nach diesem Protokoll analysierst. Mit der Zeit wirst du Muster erkennen und deine Entscheidungsfähigkeit systematisch verbessern.

Ein zusätzlicher Tipp: Führe diese Nachbesprechung nicht nur für offensichtliche Fehlentscheidungen durch, sondern auch für Entscheidungen, die „okay" waren, aber besser hätten sein können. Oft liegt das größte Lernpotenzial nicht in katastrophalen Fehlern, sondern in den subtilen Suboptimalitäten unserer alltäglichen Entscheidungen.

Jonas, ein Produktmanager, hat diese Methode perfektioniert. Nach jeder größeren Produktentscheidung führt er eine Nachbesprechung durch – unabhängig davon, ob die Entscheidung erfolgreich war oder nicht. Diese Disziplin hat seine Entscheidungskompetenz so weit verbessert, dass er inzwischen als interner Berater für schwierige Entscheidungssituationen herangezogen wird.

Die emotionale Dimension von Fehlentscheidungen meistern

Bisher haben wir uns hauptsächlich mit den rationalen Aspekten des Umgangs mit Fehlentscheidungen beschäftigt. Doch eine zentrale Herausforderung fehlt noch: der emotionale Umgang mit dem Gefühl, falsch entschieden zu haben.

Fehlentscheidungen können ein breites Spektrum negativer Emotionen auslösen: Scham („Wie konnte ich nur so dumm sein?"), Angst („Was werden andere denken?"), Wut („Warum passiert mir das?") und tiefes Bedauern („Wenn ich doch nur anders entschieden hätte..."). Diese Emotionen können lähmend wirken und deinen Willen schwächen, wenn du nicht lernst, sie zu regulieren.

Hier sind vier bewährte Strategien zur emotionalen Bewältigung von Fehlentscheidungen:

1. Praktiziere Selbstmitgefühl statt Selbstkritik

Selbstkritik verstärkt negative Emotionen und führt zu defensivem Verhalten. Selbstmitgefühl hingegen – die Fähigkeit, sich selbst mit der gleichen Güte zu behandeln, die man einem guten Freund entgegenbringen würde – fördert Lernen und Wachstum.

Konkret bedeutet das: Sprich mit dir selbst in einem unterstützenden, nicht verurteilenden Ton. Statt „Wie konnte ich nur so dumm sein?" sage zu dir selbst: „Das war eine schwierige Situation, und ich habe die Entscheidung mit den Informationen getroffen, die ich damals hatte. Jetzt weiß ich mehr."

Die Psychologin Kristin Neff, eine Pionierin der Selbstmitgefühl-Forschung, identifiziert drei Komponenten:

- Selbstfreundlichkeit vs. Selbstverurteilung

- Verbundenheit vs. Isolation („Alle Menschen machen Fehler, nicht nur ich")

- Achtsamkeit vs. Überidentifikation (die Emotion bemerken, ohne sich von ihr überwältigen zu lassen)

2. Betrachte Fehlentscheidungen als Daten, nicht als Definitionen

Eine Fehlentscheidung ist etwas, das du getan hast, nicht etwas, das du bist. Sie definiert nicht deinen Wert als Mensch oder deine Fähigkeiten insgesamt. Sie ist ein einzelner Datenpunkt in deinem fortwährenden Lernprozess.

Diese Perspektive schützt dein Selbstwertgefühl und erhält deine Handlungsfähigkeit. Statt „Ich bin ein schlechter Entscheider" sage „Diese spezifische Entscheidung hat nicht zu den gewünschten Ergebnissen geführt. Was kann ich daraus lernen?"

3. Praktiziere emotionale Akzeptanz

Versuche nicht, negative Emotionen zu unterdrücken oder zu leugnen. Akzeptiere sie als natürliche Reaktion auf eine Fehlentscheidung. Benenne die Emotion („Ich fühle Enttäuschung" oder „Ich spüre Scham") und erlaube ihr, da zu sein, ohne dich von ihr kontrollieren zu lassen.

Diese Praxis, auch bekannt als emotionale Akzeptanz, ist wissenschaftlich gut belegt. Studien zeigen, dass der Versuch, Emotionen zu unterdrücken, sie tatsächlich verstärkt, während Akzeptanz zu schnellerer emotionaler Erholung führt.

4. Nutze temporale Distanzierung

Temporale Distanzierung bedeutet, die aktuelle Situation aus einer zeitlich entfernten Perspektive zu betrachten. Frage dich: „Wie wichtig wird diese Entscheidung in einem Jahr sein? In fünf Jahren? In zehn Jahren?"

Diese Technik reduziert die emotionale Intensität und hilft dir, die Situation in einem größeren Kontext zu sehen. Viele Entscheidungen, die momentan katastrophal erscheinen, werden langfristig zu Fußnoten in deiner Lebensgeschichte.

Die emotionale Bewältigung von Fehlentscheidungen ist keine einmalige Aufgabe, sondern eine fortlaufende Praxis. Mit der Zeit wirst du emotionale Resilienz entwickeln – die Fähigkeit, dich schneller von Rückschlägen zu erholen und gestärkt aus ihnen hervorzugehen.

Claudia, eine Unternehmerin, investierte ihre gesamten Ersparnisse in ein Geschäftskonzept, das innerhalb eines Jahres scheiterte. Die emotionale Belastung war enorm – Scham gegenüber ihrer Familie, Angst vor der finanziellen Zukunft, Selbstzweifel bezüglich ihrer unternehmerischen Fähigkeiten. Sie praktizierte bewusst die oben beschriebenen Strategien, besonders Selbstmitgefühl und temporale Distanzierung. „Ich fragte mich, wie ich diese Geschichte in zehn Jahren erzählen würde", erinnert sie sich. „Würde es das tragische Ende meiner Karriere sein oder ein wichtiges Kapitel meiner Entwicklung?" Diese Perspektive half ihr, emotionale Distanz zu gewinnen und sich auf konkrete nächste Schritte zu konzentrieren. Heute führt sie ein erfolgreiches Beratungsunternehmen und bezeichnet ihr gescheitertes erstes Unternehmen als „das teuerste und wertvollste MBA-Programm, das ich je absolviert habe".

Wie du aus den Fehlentscheidungen anderer lernst

Eine besonders effiziente Form des Lernens besteht darin, aus den Fehlern anderer zu lernen. Während eigene Fehlentscheidungen emotional belastend sein können, bieten die Erfahrungen anderer eine Chance, wertvolle Lektionen ohne persönliche Kosten zu absorbieren.

Dies erfordert jedoch bewusste Anstrengung und eine bestimmte Haltung:

1. Kultiviere intellektuelle Demut

Intellektuelle Demut bedeutet, anzuerkennen, dass du nicht immun gegen die Fehler bist, die andere machen. Ohne diese Grundhaltung wirst du denken: „Mir würde das nicht passieren, weil

ich klüger/vorsichtiger/besser informiert bin."
Diese defensive Haltung blockiert jedes Lernen.

Frage dich stattdessen: „Unter welchen Umständen könnte ich genau denselben Fehler machen?"
Diese Perspektive öffnet dich für echtes Lernen.

2. Suche aktiv nach Fehlschlagsgeschichten

In einer Welt, die Erfolgsgeschichten glorifiziert, musst du aktiv nach Berichten über Fehlentscheidungen und deren Lehren suchen. Lies Bücher über gescheiterte Unternehmen, höre Podcasts über berufliche Umorientierungen, und sprich mit Menschen in deinem Umfeld über ihre größten Lernmomente.

Besonders wertvoll sind „Post-Mortems" – detaillierte Analysen gescheiterter Projekte oder Entscheidungen. In der Tech-Branche ist es inzwischen üblich, solche Analysen öffentlich zu teilen.

3. Frage nach den mentalen Modellen, nicht nur nach den Fakten

Wenn jemand von einer Fehlentscheidung berichtet, frage nicht nur nach dem Was, sondern vor allem nach dem Warum. Welche Annahmen führten zu der Entscheidung? Welche Signale wurden übersehen? Welche Denkmuster waren beteiligt?

Diese tiefere Ebene des Verstehens ermöglicht es dir, nicht nur spezifische Fehler zu vermeiden, sondern dein gesamtes Entscheidungssystem zu verbessern.

4. Entwickle eine persönliche Fallstudienbibliothek

Sammle systematisch Fehlentscheidungsgeschichten, die für deine Lebensbereiche relevant sind. Wenn du in der Finanzbranche arbeitest, studiere historische Finanzkrisen und persönliche Investitionsdesaster. Wenn du ein Unternehmen gründen willst, analysiere, warum Start-ups in deiner Branche scheitern.

Diese Fallstudienbibliothek wird zu einem wertvollen Nachschlagewerk für deine eigenen Entscheidungen.

5. Praktiziere mentale Vorwegnahme

Wenn du von einer Fehlentscheidung hörst, stelle dir vor, du wärst in derselben Situation. Was hättest du getan? Durch diese mentale Vorwegnahme trainierst du dein Entscheidungsvermögen, ohne reale Konsequenzen tragen zu müssen.

Das Lernen aus den Fehlern anderer ist eine Superpower, die nur wenige Menschen bewusst kultivieren. Es erfordert Empathie (die Fähigkeit, sich in die Lage eines anderen zu versetzen), intellektuelle Demut und systematisches Denken. Doch die Belohnung ist immens: Du kannst in wenigen Jahren Erkenntnisse sammeln, für die andere Jahrzehnte brauchen und schmerzhafte Erfahrungen durchleben müssen.

Daniel, ein Investor, hat diese Methode perfektioniert. Er führt ein „Fehlentscheidungs-Journal", in dem er nicht nur seine eigenen Investitionsfehler dokumentiert, sondern auch die berühmtester Investoren aller Zeiten. Vor jeder größeren Investition konsultiert er dieses Journal und fragt sich: „Gibt es historische Parallelen zu dieser Situation? Welche Fehler wurden in ähnlichen Kontexten gemacht?" Diese Praxis hat ihn vor mehreren kostspieligen Fehlern bewahrt und seine Rendite deutlich verbessert.

Das Fehlentscheidungs-Portfolio: Eine fortgeschrittene Strategie

Zum Abschluss dieses Kapitels möchte ich eine fortgeschrittene Strategie vorstellen, die von Spitzenentscheidern in verschiedenen Bereichen eingesetzt wird: das Fehlentscheidungs-Portfolio.

Die Grundidee ist einfach: Nicht alle Fehlentscheidungen sind gleich. Einige sind vermeidbar und sollten eliminiert werden, andere sind unvermeidlich und Teil des Lernprozesses, und manche sind sogar wünschenswert als Bestandteil einer gesunden Risikostrategie.

Ein durchdachtes Fehlentscheidungs-Portfolio besteht aus drei Kategorien:

1. Vermeidbare Fehler (zu eliminieren)

Dies sind Fehlentscheidungen, die aus Nachlässigkeit, unzureichender Recherche oder überstürztem Handeln resultieren. Sie bieten wenig Lernwert und sollten durch bessere Prozesse minimiert werden.

Beispiele: Ein Vertrag mit hohen Kosten für vorzeitige Kündigung unterschreiben, ohne die Kleingedruckten zu lesen. Eine wichtige E-Mail ohne Korrekturlesen verschicken. Wichtige

Medikamente aufgrund mangelnder Organisation vergessen.

Für diese Kategorie entwickelst du Checklisten und Routinen, um solche Fehler zu eliminieren.

2. Intelligente Fehler (zu akzeptieren)

Dies sind Fehlentscheidungen, die trotz sorgfältiger Überlegung und guter Prozesse passieren. Sie sind unvermeidlich, wenn du in komplexen, unsicheren Umgebungen operierst, und bieten wertvollen Lernstoff.

Beispiele: Eine gut recherchierte Investition, die aufgrund unvorhersehbarer Marktveränderungen scheitert. Eine Mitarbeitereinstellung, die trotz gründlicher Interviews nicht funktioniert. Ein neues Geschäftsmodell, das trotz Kundenbefragungen nicht angenommen wird.

Für diese Kategorie entwickelst du robuste Feedback-Schleifen, um schnell zu lernen und zu adaptieren.

3. Strategische Fehler (bewusst einzugehen)

Dies sind kalkulierte Risiken, bei denen du bewusst in Kauf nimmst, dass einige Entscheidungen nicht funktionieren werden, um dadurch Optionen zu eröffnen, die sonst unerreichbar wären.

Beispiele: Mehrere kleine Startups parallel zu finanzieren, wissend, dass die meisten scheitern werden. Verschiedene Karrierewege auszuprobieren, um herauszufinden, welcher wirklich passt. Neue Marketing-Kanäle zu testen, von denen einige unwirksam sein werden.

Für diese Kategorie entwickelst du ein Portfolio-Denken – statt jede einzelne Entscheidung isoliert zu betrachten, siehst du das Gesamtbild.

Die Entwicklung eines bewussten Fehlentschei-
dungs-Portfolios erfordert Klarheit über deine
Ziele, Werte und Risikobereitschaft. Es erfordert
auch die Fähigkeit, zwischen diesen Kategorien
zu unterscheiden und entsprechend zu handeln.

Der Wissenschaftsphilosoph Karl Popper prägte
den Begriff der „kühnen Vermutungen und
Widerlegungen" als Kern des wissenschaftlichen
Fortschritts. Dasselbe Prinzip gilt für persönliche
Entscheidungen: Fortschritt erfordert sowohl
kühne Versuche (von denen einige scheitern
werden) als auch rigorose Überprüfung und
Anpassung.

Fazit: Den Umgang mit Fehlentscheidungen
meistern

Die Fähigkeit, mit Fehlentscheidungen konst-
ruktiv umzugehen, ist paradoxerweise ein Kern-
merkmal eines starken Willens. Es geht nicht
darum, nie zu scheitern, sondern darum, Schei-

tern als integralen Bestandteil des Fortschritts zu integrieren.

In diesem Kapitel hast du gelernt:

- Warum Fehlentscheidungen wertvolle Lernchancen sind

- Wie du Entscheidungen revidieren kannst, ohne in Selbstzweifel zu versinken

- Wie das Nachbesprechungs-Protokoll dir hilft, systematisch aus Fehlern zu lernen

- Wie du die emotionale Dimension von Fehlentscheidungen meistern kannst

- Wie du aus den Fehlern anderer lernst

- Wie du ein bewusstes Fehlentscheidungs-Portfolio entwickeln kannst

Diese Fähigkeiten bilden das dritte Fundament eines starken Willens, nach der Kunst der Entscheidungsfindung (Kapitel 1) und den praktischen Entscheidungsmethoden (Kapitel 2).

Im nächsten Kapitel werden wir uns mit einer anderen zentralen Herausforderung befassen: dem Übergang vom Planen zum Handeln. Denn selbst die beste Entscheidung ist nutzlos, wenn sie nicht umgesetzt wird.

Reflexionsfragen zum Kapitel:

1. Welche Fehlentscheidung aus deiner Vergangenheit hat dich am meisten gelehrt?

2. Gibt es eine Entscheidung, an der du festhältst, obwohl Anzeichen dafür sprechen, dass du sie revidieren solltest?

3. Wie reagierst du emotional auf Fehlentscheidungen? Welche der vorgestellten emotionalen Bewältigungsstrategien könnte dir am meisten helfen?

4. Von welchen Fehlentscheidungen anderer könntest du lernen?

5. Wie würde dein ideales Fehlentscheidungs-Portfolio aussehen?

Warum To-Do-Listen allein nicht funktionieren

Martin starrte auf seine To-Do-Liste. Sie war perfekt organisiert: Aufgaben nach Priorität sortiert, farblich kodiert, mit Deadlines versehen. Es war bereits die vierte Liste dieser Woche. Die vorherigen drei hatte er kaum angetastet, obwohl er täglich Stunden damit verbracht hatte, sie zu optimieren. Sein Schreibtisch war ein Friedhof unvollendeter Listen, während die wirklich wichtigen Aufgaben – das Steuerprojekt, die Präsentation für nächste Woche, das längst überfällige Gespräch mit seinem Vorgesetzten – weiterhin unerledigt blieben.

Martins Situation illustriert ein weit verbreitetes Paradoxon: Je besser wir im Planen werden, desto schlechter werden wir manchmal im Umsetzen.

Listen, Apps und Planungssysteme vermitteln uns ein Gefühl von Kontrolle und Fortschritt, ohne dass tatsächlich etwas geschieht. Wir verwechseln die Karte mit dem Territorium, den Plan mit der Ausführung.

In diesem Kapitel erforschen wir, warum To-Do-Listen allein nicht ausreichen, um vom Planen ins Handeln zu kommen, und legen damit das Fundament für die praktischen Umsetzungsstrategien der folgenden Kapitel.

Die Psychologie des Aufschiebens verstehen

Um zu begreifen, warum To-Do-Listen oft wirkungslos sind, müssen wir zunächst die Psychologie des Aufschiebens verstehen. Entgegen der populären Meinung ist Prokrastination keine Charakterschwäche oder ein Zeichen von Faulheit, sondern ein komplexes psychologisches Phänomen.

Prokrastination ist im Kern keine Zeitmanagement-Störung, sondern eine Emotionsregulationsstörung. Wir schieben nicht auf, weil wir die Aufgabe nicht bewältigen können, sondern weil wir die negativen Gefühle, die mit der Aufgabe verbunden sind, nicht bewältigen können.

Diese Erkenntnis verändert unseren Ansatz fundamental. Statt bessere To-Do-Listen zu erstellen, müssen wir lernen, die emotionalen Barrieren zu überwinden, die uns vom Handeln abhalten. Diese können vielfältig sein:

- Angst vor Versagen: „Was, wenn ich es nicht schaffe?"

- Perfektionismus: „Wenn ich es nicht perfekt machen kann, fange ich gar nicht erst an."

- Überwältigung: „Die Aufgabe ist zu groß/komplex/schwierig."

- Aversion: „Die Aufgabe ist unangenehm/langweilig."

- Unklarheit: „Ich weiß nicht genau, was zu tun ist oder wie ich anfangen soll."

Jeder dieser emotionalen Blocker erfordert eine andere Strategie. Keine noch so ausgeklügelte To-Do-Liste kann diese emotionalen Hürden überwinden, wenn sie nicht durch spezifische Techniken zur Emotionsregulation ergänzt wird.

Ein weiterer wichtiger Aspekt ist das Belohnungssystem unseres Gehirns. Neurowissenschaftliche Studien zeigen, dass unser Gehirn zwischen unmittelbaren und zukünftigen Belohnungen unterscheidet. Die Aussicht auf eine zukünftige Belohnung (wie die Fertigstellung eines Projekts in zwei Wochen) aktiviert andere Hirnregionen als die Aussicht auf eine sofortige Belohnung (wie das Vergnügen, Social Media zu checken).

Dieses Phänomen, bekannt als „zeitliche Diskontierung", erklärt, warum wir oft kurzfristige Befriedigungen langfristigen Zielen vorziehen, selbst wenn die langfristigen Ziele objektiv wertvoller sind. Eine To-Do-Liste kann diese neurologische Realität nicht überwinden, wenn sie nicht durch Techniken ergänzt wird, die die Belohnungsstruktur verändern.

Ein dritter Faktor ist die kognitive Verzerrung namens „Planning Fallacy" – unsere systematische Tendenz, die Zeit und den Aufwand zu unterschätzen, die für die Erledigung einer Aufgabe erforderlich sind. Dies führt zu unrealistischen To-Do-Listen, die von vornherein zum Scheitern verurteilt sind, was wiederum Frustration und weiteres Aufschieben befördert.

Diese psychologischen Erkenntnisse erklären, warum selbst die ausgeklügeltsten Planungssysteme oft wirkungslos bleiben: Sie adressieren nicht die wahren Hindernisse, die zwischen Absicht und Handlung stehen.

Warum Planung ohne Umsetzungsstrategie zum Scheitern verurteilt ist

Ein Plan ist nur so gut wie seine Umsetzung. Diese simple Wahrheit wird in unserer planungsbesessenen Kultur oft übersehen. Wir widmen enorme Ressourcen der Erstellung von Plänen, aber vergleichsweise wenig der systematischen Umsetzung dieser Pläne.

Die Forschung zur Implementierungslücke – der Kluft zwischen Absicht und Handlung – zeigt, dass starke Absichten nur etwa 20-30% der Varianz im tatsächlichen Verhalten erklären. Mit anderen Worten: Selbst wenn du fest entschlossen bist, etwas zu tun, besteht eine erhebliche Wahrscheinlichkeit, dass du es trotzdem nicht tust.

Diese Lücke entsteht aus mehreren Gründen:

1. Fehlende Spezifität: Viele To-Do-Einträge sind zu vage („Präsentation vorbereiten" statt „Einleitung der Präsentation schreiben, max. 5 Folien").

2. Keine Trigger: Pläne benennen oft das Was, aber nicht das Wann und Wo. Ohne klare Auslöser bleibt die Umsetzung dem Zufall überlassen.

3. Keine Hindernisplanung: Die meisten Pläne berücksichtigen nicht, welche Hindernisse auftreten könnten und wie damit umzugehen ist.

4. Fehlende Accountability: Ohne externe Kontrolle ist es leicht, Aufgaben immer wieder aufzuschieben.

5. Isolierte Betrachtung: Pläne berücksichtigen oft nicht das Gesamtsystem unseres Lebens – Energie, konkurrierende Verpflichtungen, emotionale Zustände.

Diese Mängel erklären, warum selbst sorgfältig erstellte To-Do-Listen oft wirkungslos verpuffen. Ein effektiver Plan muss von vornherein eine

Umsetzungsstrategie enthalten, die diese Aspekte berücksichtigt.

Anna, eine Marketingmanagerin, erkannte dieses Problem, als sie feststellte, dass ihre akribisch geplanten Projekte regelmäßig im Sande verliefen. Ihre Lösung: Für jeden Planungsschritt forderte sie nun auch einen konkreten Umsetzungsschritt. Statt nur „Kundenbefragung durchführen" auf ihre Liste zu setzen, fügte sie hinzu: „Montag, 9:00 Uhr, 30 Minuten, Büro, erste fünf Fragen formulieren." Diese spezifischen Implementierungsdetails erhöhten ihre Umsetzungsrate drastisch.

Ein weiterer kritischer Aspekt ist die Integration von Hindernisplanung. Die Psychologin Gabriele Oettingen entwickelte die WOOP-Methode (Wish, Outcome, Obstacle, Plan), die systematisch vorhersehbare Hindernisse in den Planungsprozess einbezieht. Studien zeigen, dass diese

vorausschauende Hindernisplanung die Erfolgsrate bei der Zielerreichung signifikant erhöht.

Der Unterschied zwischen Aktivität und Produktivität

Ein drittes fundamentales Problem mit To-Do-
Listen ist ihre Tendenz, Aktivität mit Produktivität zu verwechseln. Nicht alle Aufgaben sind
gleich wertvoll, und die Erledigung vieler neben-
sächlicher Aufgaben kann uns das Gefühl von
Fortschritt vermitteln, ohne uns tatsächlich unseren wichtigsten Zielen näher zu bringen.

Dieses Phänomen, bekannt als „Busy Band-
wagon" oder „Aktivitätsfalle", manifestiert sich
in überfüllten To-Do-Listen, die mit kleinen,
schnell zu erledigenden Aufgaben gespickt sind.
Das Abhaken dieser Aufgaben gibt uns einen
dopaminbedingten Belohnungsschub, der süchtig
machen kann, während die wirklich wichtigen,
aber komplexeren Aufgaben unerledigt bleiben.

Eine Analyse der To-Do-Listen von Führungskräften zeigte ein alarmierendes Muster: 80% der erledigten Aufgaben trugen weniger als 20% zum tatsächlichen Fortschritt in Richtung strategischer Ziele bei. Mit anderen Worten: Die meisten Menschen sind sehr beschäftigt damit, Dinge mit geringer Wirkung zu erledigen.

Der Organisationspsychologe Peter Drucker unterschied zwischen Effizienz („die Dinge richtig tun") und Effektivität („die richtigen Dinge tun"). To-Do-Listen können die Effizienz steigern, sagen aber nichts über die Effektivität aus. Sie helfen uns, mehr zu erledigen, aber nicht unbedingt mehr von dem, was wirklich zählt.

Markus, ein Softwareentwickler, erkannte dieses Muster bei sich selbst. Seine To-Do-Liste war voll mit kleinen Bugfixes und Codeoptimierungen, die er fleißig abhakte. Am Ende der Woche hatte er dutzende Aufgaben erledigt, aber die grundlegende Architekturüberarbeitung, die den wirklichen Fortschritt bedeutet hätte, blieb unberührt. Seine Lösung: Er begrenzte seine tägliche Liste auf maximal drei Aufgaben – eine davon musste immer mit seinem wichtigsten strategischen Ziel verbunden sein.

Ein Ansatz, um dieser Falle zu entgehen, ist das Eisenhower-Prinzip, das Aufgaben nach Wichtigkeit und Dringlichkeit kategorisiert. Nur die Konzentration auf Aufgaben, die wichtig, aber nicht dringend sind (Quadrant II in Eisenhowers Matrix), führt zu nachhaltigem Fortschritt und verhindert das ständige Reagieren auf vermeintliche Dringlichkeiten.

Ein weiteres Problem klassischer To-Do-Listen ist ihre Tendenz, den Kontext auszublenden. Sie berücksichtigen nicht, dass verschiedene Aufgaben unterschiedliche Energieniveaus, Umgebungen oder mentale Zustände erfordern. Eine fortgeschrittene Umsetzungsstrategie muss diese Kontextfaktoren einbeziehen, um die richtige Aufgabe zum richtigen Zeitpunkt zu platzieren.

Von der To-Do-Liste zur Umsetzungsstrategie

Nachdem wir die Schwächen traditioneller To-Do-Listen verstanden haben, können wir sie zu wirkungsvollen Umsetzungsstrategien weiterentwickeln. Eine effektive Umsetzungsstrategie kombiniert Klarheit über das Ziel mit konkreten Aktionsschritten, emotionaler Regulation und systematischer Hindernisüberwindung.

Hier sind die Schlüsselelemente einer wirksamen Umsetzungsstrategie:

1. Wertebasierte Priorisierung: Verbinde jede wichtige Aufgabe explizit mit deinen übergeordneten Zielen und Werten. Frage dich: „Warum ist dies wichtig für mich?" Diese Verbindung stärkt die intrinsische Motivation.

2. Mikroschritte definieren: Zerlege komplexe Aufgaben in konkrete Aktionen, die in weniger als 15 Minuten erledigt werden können. Kleinere Schritte erzeugen weniger emotionalen Widerstand und sind leichter zu bewältigen.

3. Implementation Intentions formulieren: Lege genau fest, wann, wo und wie du handeln wirst. Statt „Ich werde joggen" formuliere „Morgen um 7:00 Uhr ziehe ich meine Laufschuhe an und laufe 20 Minuten durch den Stadtpark." Die Forschung zeigt, dass diese Spezifität die Umsetzungswahrscheinlichkeit verdreifachen kann.

4. Hindernisplanung: Identifiziere vorhersehbare Hindernisse und entwickle vorab Strategien zu ihrer Überwindung. „Wenn es regnet, dann gehe ich stattdessen ins Fitnessstudio."

5. Energiemanagement: Ordne Aufgaben basierend auf ihrem Energiebedarf zu und plane sie für

Zeiten, in denen du die entsprechende Energie hast. Analytische Aufgaben am Morgen, Routineaufgaben am Nachmittag, kreative Projekte wenn du entspannt bist.

6. Umgebungsdesign: Gestalte deine Umgebung so, dass sie die Ausführung unterstützt und Ablenkungen minimiert. Entfcrne Versuchungen, die dich von deinen Prioritäten abhalten könnten.

7. Accountability-Mechanismen: Baue externe Kontrollmechanismen ein, sei es durch einen Partner, öffentliche Verpflichtungen oder finanzielle Anreize/Strafen.

8. Reflexionsschleifen: Überprüfe regelmäßig, was funktioniert und was nicht, und passe deine Strategie entsprechend an.

Diese acht Elemente verwandeln eine passive To-Do-Liste in eine aktive Umsetzungsstrategie, die

die psychologischen Realitäten des menschlichen Verhaltens berücksichtigt.

Ein Beispiel zur Veranschaulichung:

Traditioneller To-Do-Eintrag:
„Steuererklärung machen"

Verbessert mit Umsetzungsstrategie:
- Wert/Warum: Finanzielle Sicherheit für meine Familie, Vermeidung von Strafen
- Mikroschritt: Steuerunterlagen von 2023 in einen Ordner sortieren (15 Min.)
- Implementation Intention: Dienstag, 10:00 Uhr, am Küchentisch, nach dem Frühstück
- Hindernisplan: Wenn ich wichtige Unterlagen nicht finde, werde ich sofort eine E-Mail an meine Bank schicken
- Energiemanagement: Morgens, wenn ich mental frisch bin
- Umgebungsdesign: Handy in einem anderen Raum lassen, Tee vorbereiten

- Accountability: Meinem Partner sagen, dass ich es bis Dienstagmittag erledigt haben werde

- Reflexion: Am Dienstagabend kurz notieren, was gut lief und was beim nächsten Steueraufgaben-Block besser gemacht werden könnte

Dieser verbesserte Ansatz adressiert die emotionalen, kognitiven und praktischen Barrieren, die zwischen Absicht und Handlung stehen.

Praktische Übung: Deine To-Do-Liste transformieren

Lass uns dieses Kapitel mit einer praktischen Übung abschließen, die dir hilft, die Erkenntnisse sofort anzuwenden:

1. Wähle eine wichtige Aufgabe aus deiner aktuellen To-Do-Liste, die du bisher aufgeschoben hast.

2. Analysiere deine emotionalen Blocker: Was hält dich wirklich davon ab, diese Aufgabe anzugehen? Angst, Überwältigung, Aversion, Unklarheit?

3. Verbinde die Aufgabe mit einem tieferen Wert oder Ziel: Warum ist diese Aufgabe wirklich wichtig für dich?

4. Definiere den nächsten Mikroschritt: Was ist die kleinste konkrete Aktion, die du in unter 15 Minuten erledigen könntest?

5. Formuliere eine klare Implementation Intention: Wann genau, wo genau und wie genau wirst du diesen Mikroschritt umsetzen?

6. Identifiziere mögliche Hindernisse und entwickle Wenn-Dann-Pläne für jedes Hindernis.

7. Plane die Umsetzung für einen Zeitpunkt, zu dem du die passende Energie und Konzentration hast.

8. Schaffe Accountability, indem du jemandem von deinem Plan erzählst oder dich öffentlich verpflichtest.

Diese Übung transformiert einen ineffektiven To-Do-Eintrag in eine kraftvolle Umsetzungsstrategie, die dir hilft, die Lücke zwischen Absicht und Handlung zu schließen.

Fazit: Von der Planung zur Umsetzung

In diesem Kapitel haben wir untersucht, warum To-Do-Listen allein oft nicht ausreichen, um vom Planen ins Handeln zu kommen. Wir haben die psychologischen Mechanismen des Aufschiebens entschlüsselt, die Implementierungslücke zwischen Absicht und Handlung beleuchtet und den kritischen Unterschied zwischen Aktivität und Produktivität herausgearbeitet.

Die zentrale Erkenntnis ist, dass effektive Selbststeuerung nicht nur eine Frage der Planung ist, sondern vor allem eine Frage der Umsetzungsstrategie. Diese Strategie muss emotionale, kognitive und kontextuelle Faktoren berücksichtigen, um erfolgreich zu sein.

In den folgenden Kapiteln werden wir spezifische Techniken des sofortigen Handelns und der Gewohnheitsbildung erkunden, die auf den hier vorgestellten Prinzipien aufbauen. Während dieses Kapitel das „Warum" erklärt hat, werden die nächsten Kapitel das „Wie" vertiefen – praktische Werkzeuge, die dir helfen, den Übergang vom Denken zum Tun zu meistern.

Reflexionsfragen zum Kapitel:

1. Welche emotionalen Blocker hindern dich am häufigsten daran, wichtige Aufgaben anzugehen?

2. Inwiefern hast du bisher Aktivität mit Produktivität verwechselt?

3. Welches Element einer effektiven Umsetzungsstrategie fehlt in deinem aktuellen Ansatz am meisten?

4. Wie könntest du Implementation Intentions in deinen Alltag integrieren?

5. Welche Aufgabe auf deiner To-Do-Liste könntest du sofort mit der Transformations-Übung angehen?

Sofortiges Handeln - Praktische Techniken

Julia saß vor ihrem Computer und starrte auf die leere Bildschirmseite. Ihre Masterarbeit sollte in vier Wochen abgegeben werden, doch trotz monatelanger Recherche hatte sie noch keinen einzigen Satz geschrieben. Mit jeder verstreichenden Minute wuchs ihr Unbehagen. Sie kannte alle Fakten, hatte ihre Gliederung erstellt und wusste genau, was zu tun war. Und doch – sie konnte nicht anfangen.

Was Julia erlebte, ist ein universelles Phänomen: die Startblockade. Sie ist oft das größte Hindernis zwischen uns und unseren Zielen. Nicht das Durchhalten oder das Fertigstellen, sondern das simple Anfangen scheitert am häufigsten. Die gute Nachricht ist: Mit den richtigen Techniken lässt sich diese Blockade überwinden.

In diesem Kapitel stelle ich dir fünf bewährte Methoden vor, die dir helfen, sofort ins Handeln zu kommen – auch bei Aufgaben, die du lange aufgeschoben hast.

Die Pomodoro-Technik: 25 Minuten fokussierte Arbeit

Die Pomodoro-Technik, benannt nach einer tomatenförmigen Küchenuhr, ist eine der effektivsten Methoden, um die Startblockade zu überwinden. Ihre Einfachheit ist ihr größter Vorteil.

So funktioniert sie:

1. Wähle eine Aufgabe, die du erledigen willst.

2. Stelle einen Timer auf 25 Minuten.

3. Arbeite ohne Unterbrechung, bis der Timer klingelt.

4. Mache eine kurze Pause (5 Minuten).

5. Nach vier Pomodoros mache eine längere Pause (15-30 Minuten).

Die Wirksamkeit dieser Methode beruht auf mehreren psychologischen Prinzipien:

Überschaubare Zeitblöcke: 25 Minuten sind lang genug, um bedeutsamen Fortschritt zu erzielen, aber kurz genug, um die Angst vor endloser Arbeit zu vermeiden. Selbst bei der unangenehmsten Aufgabe kannst du dir sagen: „Es sind nur 25 Minuten."

Fokussierung durch zeitliche Begrenzung: Wenn der Timer läuft, gibt es nur diese eine Aufgabe. Keine E-Mails, keine sozialen Medien, keine Ablenkungen. Diese Fokussierung erhöht die Produktivität dramatisch.

Messbare Fortschritte: Jeder abgeschlossene Pomodoro ist ein konkreter Erfolg. Dieses Erfolgserlebnis motiviert zur Fortsetzung.

Respekt für mentale Rhythmen: Die regelmäßigen Pausen verhindern mentale Erschöpfung und halten die Produktivität über längere Zeiträume aufrecht.

Um die Pomodoro-Technik optimal zu nutzen, beachte folgende Tipps:

- Stelle sicher, dass deine Umgebung ablenkungsfrei ist, bevor du den Timer startest.

- Halte während eines Pomodoros alle Störquellen fern – schalte Benachrichtigungen aus und informiere ggf. Kollegen oder Familienmitglieder.

- Wenn dir während eines Pomodoros andere Aufgaben einfallen, notiere sie kurz, aber setze deine Hauptaufgabe fort.

- Beende einen begonnenen Pomodoro – die Versuchung abzubrechen ist groß, der Wert liegt jedoch im Durchhalten der 25 Minuten.

- Halte die Pausen ein – sie sind kein Luxus, sondern essentieller Teil der Methode.

Laura, eine Steuerberaterin, nutzte die Pomodoro-Technik, um ihre Arbeit an komplizierten Steuererklärungen zu strukturieren. „Früher schob ich diese Aufgaben oft auf, weil sie so überwältigend wirkten", erzählt sie. „Mit der Pomodoro-Technik sage ich mir einfach: ‚Ich muss nicht die ganze Steuererklärung auf einmal machen. Ich muss nur

25 Minuten daran arbeiten.' Diese mentale Umstellung hat meine Produktivität verdoppelt."

Ein weiterer Vorteil der Pomodoro-Technik ist ihre Anpassungsfähigkeit. Du kannst die Zeitintervalle deinen persönlichen Präferenzen und der Art der Aufgabe anpassen. Manche Menschen bevorzugen 30- oder 45-Minuten-Blöcke für komplexe Denkaufgaben, andere arbeiten besser mit 15-Minuten-Sprints bei Routineaufgaben.

Experimentiere mit verschiedenen Zeitspannen, um deinen optimalen Rhythmus zu finden. Das Wesentliche ist nicht die exakte Länge, sondern die klare zeitliche Begrenzung und die strikte Fokussierung während dieses Zeitraums.

Implementation Intentions: „Wenn X passiert, dann tue ich Y"

Die zweite kraftvolle Technik für sofortiges Handeln sind Implementation Intentions – ein von der

Psychologin Peter Gollwitzer entwickeltes Konzept, das unsere natürlichen Reaktionsmechanismen nutzt, um Handlungen zu automatisieren.

Die Grundformel lautet: „Wenn Situation X eintritt, dann führe ich Verhalten Y aus."

Diese einfache Wenn-Dann-Struktur überbrückt die Lücke zwischen Absicht und Handlung, indem sie konkrete situative Auslöser mit spezifischen Handlungen verbindet. Statt einer vagen Absicht wie „Ich will mehr Sport treiben" formulierst du: „Wenn ich morgens aufstehe und meine Zähne geputzt habe, dann ziehe ich meine Laufschuhe an und gehe 20 Minuten joggen."

Die Wirksamkeit von Implementation Intentions ist wissenschaftlich gut belegt. Studien zeigen eine Verdopplung bis Verdreifachung der Erfolgsrate bei der Zielerreichung im Vergleich zu einfachen Absichtserklärungen.

Warum funktionieren sie so gut? Sie eliminieren die Notwendigkeit aktiver Entscheidungen im kritischen Moment. Statt in der Situation überlegen zu müssen „Soll ich jetzt joggen gehen?", wird die Handlung durch den vorab festgelegten Auslöser automatisch aktiviert. Dies umgeht den energieintensiven Prozess der Willensanstrengung und nutzt stattdessen die Kraft der Automatisierung.

So erstellst du wirksame Implementation Intentions:

1. Identifiziere präzise Auslöser: Wähle spezifische, erkennbare Situationen oder Zeitpunkte als Auslöser. „Nach dem Frühstück" ist besser als „am Morgen", „nach dem Zähneputzen" noch spezifischer.

2. Definiere konkrete Handlungen: Die Handlung sollte sofort umsetzbar und eindeutig sein. „Lauf-

schuhe anziehen und zum Park gehen" ist besser als „Sport machen".

3. Schaffe eine starke mentale Verbindung: Stelle dir die Situation-Handlungs-Sequenz lebhaft vor. Visualisiere, wie du den Auslöser wahrnimmst und dann sofort die gewünschte Handlung ausführst.

4. Schreibe deine Implementation Intentions auf: Das schriftliche Festhalten verstärkt die mentale Verbindung und erhöht die Verbindlichkeit.

5. Starte mit einer Implementation Intention: Beginne mit einer einzelnen Wenn-Dann-Verbindung und etabliere sie, bevor du weitere hinzufügst.

Implementation Intentions sind besonders wirksam für:
  - Die Etablierung neuer Gewohnheiten
  - Das Überwinden von Startblockaden

- Das Umgehen typischer Hindernisse
- Die Reaktion auf vorhersehbare Versuchungen

Marcus, ein Webdesigner, nutzte Implementation Intentions, um seine morgendliche Ablenkung durch Social Media zu überwinden: „Wenn ich morgens meinen Computer einschalte, dann öffne ich zuerst mein Projektmanagement-Tool und arbeite 30 Minuten an meiner wichtigsten Aufgabe, bevor ich E-Mails oder soziale Medien checke." Diese einfache Wenn-Dann-Regel veränderte seinen gesamten Arbeitstag, da er seine produktivsten Morgenstunden nicht mehr mit Ablenkungen verschwendete.

Implementation Intentions können auch in Form von Hindernisbewältigung eingesetzt werden: „Wenn Hindernis Z auftritt, dann reagiere ich mit Strategie W." Zum Beispiel: „Wenn ich beim Schreiben meiner Dissertation das Bedürfnis verspüre, soziale Medien zu checken, dann stehe ich auf, trinke ein Glas Wasser und setze mich wieder hin, um weiter zu schreiben."

Diese Form der vorausschauenden Hindernisplanung schützt dich vor vorhersehbaren Fallstricken und stärkt deine Widerstandsfähigkeit gegen Ablenkungen.

Micro-Commitments: Die Kraft der kleinen Anfänge

Die dritte Technik für sofortiges Handeln nutzt ein fundamentales psychologisches Prinzip: Der schwierigste Teil einer Aufgabe ist fast immer der Anfang. Sobald wir begonnen haben, erzeugt die Fortsetzung deutlich weniger inneren Widerstand.

Micro-Commitments – winzige, nicht einschüchternde Anfänge – lösen dieses Problem, indem sie die Eintrittsschwelle so weit senken, dass der Start nahezu mühelos wird.

Das Grundprinzip lautet: Reduziere den ersten Schritt so weit, dass er lächerlich einfach erscheint und in weniger als zwei Minuten erledigt werden kann.

Einige Beispiele:

- Statt „Eine Stunde trainieren" → „Sportschuhe anziehen und eine Minute gehen"

- Statt „Buch schreiben" → „Einen einzigen Satz schreiben"

- Statt „Wohnung aufräumen" → „Einen einzelnen Gegenstand an seinen Platz legen"

- Statt „Programmieren lernen" → „Eine Code-Zeile tippen"

Die Wirksamkeit von Micro-Commitments beruht auf mehreren psychologischen Effekten:

Überwindung der Trägheit: Nach Newtons Bewegungsgesetz benötigt ein Körper in Ruhe einen Impuls, um in Bewegung zu kommen. Dasselbe gilt für menschliches Verhalten – der Übergang von Ruhe zu Aktivität erfordert die größte Energie.

Zahnrad-Effekt: Sobald wir mit einer Aktivität beginnen, greifen mentale Zahnräder ineinander. Die erste kleine Handlung setzt oft eine Kette weiterer Handlungen in Gang.

Commitment-Konsistenz-Prinzip: Menschen streben nach Konsistenz zwischen ihren Handlungen. Ein kleines anfängliches Commitment erzeugt den Wunsch, konsistent zu bleiben und weiterzumachen.

Reduzierte Angst: Micro-Commitments umgehen die Angst und Überwältigung, die größere Aufgaben oft auslösen.

So implementierst du Micro-Commitments effektiv:

1. Zerlege deine Aufgabe in den kleinstmöglichen ersten Schritt – er sollte so einfach sein, dass er fast lächerlich wirkt.

2. Erlaube dir explizit, nach diesem Mikroschritt aufzuhören. Der Trick besteht darin, dass du es meist nicht tun wirst, aber die Freiheit dazu reduziert den psychologischen Widerstand.

3. Fokussiere dich ausschließlich auf diesen ersten Schritt, ohne an die Gesamtaufgabe zu denken.

4. Führe den Mikroschritt sofort aus, ohne Aufschub.

5. Beobachte, wie der Schwung dich oft von selbst weitertragen wird.

Sarah, eine Doktorandin, kämpfte monatelang mit ihrer Dissertation. Jeder Versuch, sich an die Arbeit zu setzen, löste Angstzustände aus. Ihre

Lösung war radikal einfach: „Ich verpflichtete mich nur dazu, meinen Computer einzuschalten und ein einziges Wort zu schreiben. Nur ein Wort. Diese absurd kleine Verpflichtung überwand meine Blockade. Fast immer schrieb ich nach dem ersten Wort weiter, oft stundenlang. Aber an Tagen, an denen ich wirklich blockiert war, erlaubte ich mir wirklich, nach einem Wort aufzuhören – und sah es trotzdem als Erfolg."

Ein besonders effektiver Einsatz von Micro-Commitments ist die „Zwei-Minuten-Regel" des Produktivitätsexperten David Allen: Wenn eine Aufgabe in weniger als zwei Minuten erledigt werden kann, tue sie sofort. Diese Regel verhindert die Anhäufung kleiner, unerledigter Aufgaben, die kognitive Ressourcen binden und Fortschrittsgefühle blockieren.

Micro-Commitments sind besonders wirksam bei:
  - Aufgaben, die Angst oder Überwältigung auslösen

- Projekten, die du lange aufgeschoben hast

- Bereichen, in denen Perfektionismus dich blockiert

- Gewohnheiten, die du neu etablieren möchtest

Das Schöne an Micro-Commitments ist ihre universelle Anwendbarkeit: Es gibt praktisch keine Aufgabe, die nicht in einen winzigen ersten Schritt zerlegt werden kann.

Umgebungsdesign: Wie du deine Umgebung für sofortiges Handeln gestaltest

Die vierte Technik für sofortiges Handeln basiert auf einer fundamentalen Erkenntnis der Verhaltenspsychologie: Unsere Umgebung beeinflusst unser Verhalten stärker als unsere Willenskraft. Oft kämpfen wir mit Willensanstrengung gegen eine Umgebung, die genau das Verhalten fördert, das wir vermeiden wollen.

Umgebungsdesign dreht den Spieß um: Statt dich auf Willenskraft zu verlassen, gestaltest du deine Umgebung so, dass gewünschtes Verhalten leicht und ungewünschtes Verhalten schwierig wird.

Der Verhaltenspsychologe B.J. Fogg formuliert es so: „Mache das gewünschte Verhalten einfach und das unerwünschte Verhalten schwierig." Diese einfache Formel führt zu erstaunlichen Ergebnissen, weil sie mit unserem natürlichen Bestreben arbeitet, den Weg des geringsten Widerstands zu gehen.

Umgebungsdesign umfasst vier Schlüsselstrategien:

1. Reibungsreduktion für gewünschtes Verhalten

Reduziere die physischen, kognitiven und emotionalen Barrieren, die dich vom sofortigen Handeln abhalten:

- Lege Sportkleidung am Abend bereit, um morgens ohne Nachdenken trainieren zu können
- Halte die wichtigsten Arbeitsutensilien stets griffbereit auf deinem Schreibtisch
- Installiere Apps, die du beruflich brauchst, auf dem Startbildschirm deines Telefons
- Bereite gesunde Mahlzeiten vor und halte sie im Kühlschrank bereit

2. Reibungserhöhung für unerwünschtes Verhalten

Erhöhe die Hürden für Verhaltensweisen, die dich von deinen Zielen ablenken:

- Entferne Social-Media-Apps von deinem Smartphone (oder verstecke sie in Ordnern)
- Lagere Süßigkeiten und ungesunde Snacks an schwer erreichbaren Orten
- Blockiere ablenkende Websites während der Arbeitszeit mit spezieller Software

- Richte ein separates Arbeitskonto auf deinem Computer ein, das keine Spiele enthält

3. Umgebungssignale für Schlüsselgewohnheiten

Nutze visuelle und räumliche Hinweise, um gewünschte Verhaltensweisen auszulösen:

- Stelle eine Wasserflasche auf deinen Schreibtisch, um regelmäßiges Trinken zu fördern
  - Hänge deine Laufschuhe an die Garderobe, um ans Training erinnert zu werden
  - Platziere ein Buch auf deinem Kopfkissen, um abendliches Lesen zu fördern
  - Nutze Post-ist mit konkreten Aktionsschritten an sichtbaren Stellen

4. Kontextualisierung von Aktivitäten

Verbinde bestimmte Umgebungen mit spezifischen Aktivitäten, um automatische Verhaltensmuster zu entwickeln:

- Definiere einen bestimmten Ort nur für fokussierte Arbeit (nicht für E-Mails oder Social Media)

   - Schaffe eine „Kreativecke" in deiner Wohnung, die ausschließlich für kreative Projekte genutzt wird

   - Nutze bestimmte Kopfhörer nur für tiefe Arbeitskonzentration, um ein konditioniertes Signal zu schaffen

Alexander, ein freiberuflicher Grafiker, hatte Schwierigkeiten, morgens produktiv zu starten. Seine Lösung durch Umgebungsdesign:

„Jeden Abend vor Feierabend schreibe ich meine wichtigste Aufgabe für den nächsten Tag auf einen Post-it und klebe ihn auf meinen Computerbildschirm. Ich schließe alle Programme außer dem, das ich für diese Aufgabe brauche, und lege alle notwendigen Materialien bereit. Mein Telefon lege ich in eine Schublade. Wenn ich morgens an den Schreibtisch komme, ist alles für sofortiges Handeln vorbereitet – keine Entscheidungen nötig, keine Ablenkungen in Sicht."

Diese einfachen Umgebungsanpassungen führten zu einer Verdoppelung seiner morgendlichen Produktivität.

Für effektives Umgebungsdesign folge diesen Schritten:

1. Beobachte dein aktuelles Verhalten: Wo und wann handelst du sofort, wo zögerst du?

2. Identifiziere spezifische Umgebungsfaktoren, die dein Verhalten auslösen oder hemmen.

3. Gestalte deine physische Umgebung neu, beginnend mit einem Fokusbereich für deine wichtigsten Aktivitäten.

4. Experimentiere mit digitaler Umgebungs-gestaltung: Benachrichtigungen, App-Platzierung, Bildschirmzeit-Begrenzungen.

5. Evaluiere und passe dein Umgebungsdesign regelmäßig an.

Besonders wirkungsvoll ist auch das Konzept der „Entscheidungsarchitektur" – die bewusste Vor-strukturierung von Entscheidungssituationen. Eine klassische Anwendung ist die „Standard-option": Mache das gewünschte Verhalten zur Standardeinstellung, die ohne aktive Entschei-dung eintritt.

Beispiele:

- Automatische Überweisung von Gehalt auf Sparkonto statt manuelle Einzahlung

- Voreinstellung des Handys auf „Nicht stören" während Arbeitszeiten

- Gesunde Snacks auf Augenhöhe im Kühl-schrank platzieren, ungesunde in Boxen verstauen

Umgebungsdesign ist besonders wertvoll, weil es nicht auf erschöpfbare Willenskraft setzt, sondern dauerhafte Strukturen schafft, die gewünschtes Verhalten unterstützen.

Die Kraft der sozialen Verpflichtung: Accountability als Handlungstreiber

Die fünfte und vielleicht mächtigste Technik für sofortiges Handeln nutzt einen fundamentalen Aspekt menschlicher Psychologie: unser Bedürfnis nach sozialer Konsistenz. Wir möchten unsere Zusagen einhalten und vor anderen (und uns selbst) als verlässlich erscheinen.

Accountability – die Rechenschaftspflicht gegenüber anderen – ist ein Schlüsselmechanismus, um vom Planen ins Handeln zu kommen. Sie transformiert vage persönliche Absichten in konkrete soziale Verpflichtungen, die eine deutlich höhere Umsetzungswahrscheinlichkeit haben.

Die Wirksamkeit von Accountability ist wissenschaftlich gut belegt. Studien zeigen, dass Menschen, die ihre Ziele öffentlich machen und regelmäßig Rechenschaft ablegen, bis zu 65% höhere Erfolgsraten erzielen als jene, die ihre Ziele für sich behalten.

Es gibt verschiedene Formen der Accountability, die du je nach Bedarf einsetzen kannst:

1. Der Accountability-Partner

Ein Accountability-Partner ist eine Person, mit der du regelmäßig deine Fortschritte und Herausforderungen besprichst. Ihr vereinbart konkrete Ziele und Überprüfungstermine, bei denen du Rechenschaft über deine Fortschritte ablegst.

Effektive Accountability-Partnerschaften zeichnen sich aus durch:

- Klare Vereinbarungen über Ziele und Überprüfungsrhythmus
  - Gegenseitigen Respekt und Vertrauen
  - Konstruktives Feedback statt Beschämung
  - Fokus auf Verhaltensmuster statt einzelne Ergebnisse
  - Regelmäßige, verbindliche Check-ins

Die ideale Frequenz für Check-ins hängt von der Art des Ziels ab: Bei täglichen Gewohnheiten können tägliche oder zweitägige Check-ins sinnvoll sein, bei längerfristigen Projekten reichen oft wöchentliche Überprüfungen.

2. Öffentliche Verpflichtungen

Eine öffentliche Erklärung deiner Absichten erhöht den sozialen Druck, diese auch umzusetzen. Dies kann in verschiedenen Formen geschehen:

- Ankündigung eines Projekts in sozialen Medien

- Veröffentlichung eines Zeitplans mit Meilensteinen

- Vorankündigung von Ergebnissen im beruflichen Umfeld

- Formale Verpflichtungserklärungen vor einer Gruppe

Die Wirksamkeit öffentlicher Verpflichtungen basiert auf unserem Bedürfnis nach Konsistenz zwischen Worten und Taten sowie der Vermeidung von Gesichtsverlust.

3. Stakes und Konsequenzen

Eine besonders wirkungsvolle Form der Accountability sind konkrete Konsequenzen für Erfolg oder Misserfolg:

- Finanzielle Einsätze (z.B. Spende an eine ungeliebte Organisation bei Nichterreichen)

- Privilegienverlust bei Nichteinhaltung von Vereinbarungen

- Belohnungen bei erfolgreicher Umsetzung

- „Peinlichkeits-Stakes" wie das Tragen eines bestimmten T-Shirts oder das Ausführen einer unangenehmen Aufgabe

Plattformen wie Stickk.com haben dieses Prinzip systematisiert, indem sie die Verknüpfung von Zielen mit finanziellen Einsätzen und Überprüfern ermöglichen.

4. Gruppen-Accountability

Die Zugehörigkeit zu einer Gruppe mit gemeinsamen Zielen kann besonders motivierend wirken:
- Mastermind-Gruppen für berufliche Ziele
- Laufgruppen oder Fitness-Communities
- Schreibzirkel für kreative Projekte
- Lerngruppen für Bildungsziele

Gruppen bieten nicht nur Accountability, sondern auch wertvolle Unterstützung, Feedback und Inspiration durch Gleichgesinnte.

5. Die Fortschrittsvisualisierung

Eine subtilere Form der Accountability ist die sichtbare Dokumentation deines Fortschritts:
- Fortschrittsdiagramme an prominenter Stelle
- „Nicht unterbrechen"-Ketten auf Kalendern
- Öffentliche Fortschrittsbalken für Projekte
- Digitale Trackingsysteme mit Benachrichtigungen

Diese visuelle Accountability wirkt sowohl intrinsisch (du willst deine eigene Fortschrittskette nicht unterbrechen) als auch extrinsisch (andere können deinen Fortschritt sehen).

Matthias, ein Softwareentwickler, nutzte Accountability, um ein lange aufgeschobenes Nebenprojekt endlich umzusetzen:

„Ich hatte jahrelang davon gesprochen, eine eigene App zu entwickeln, aber nie über die Planungsphase hinausgekommen. Meine Lösung war radikal: Ich kündigte öffentlich auf Twitter an, dass ich in 12 Wochen eine funktionsfähige Version veröffentlichen würde, und verpflichtete mich, jede Woche ein Update zu posten. Zusätzlich vereinbarte ich mit einem Freund, dass ich ihm 50 Euro zahlen würde für jede Woche ohne substanziellen Fortschritt. Diese doppelte Accountability – öffentlich und privat mit finanziellen Konsequenzen – war genau der Druck, den ich brauchte. Ich veröffentlichte die App nach 14 Wochen – etwas später als geplant, aber ohne diese Accountability-Struktur wäre sie nie entstanden."

Bei der Implementierung von Accountability-Systemen solltest du beachten:

1. Wähle die richtige Intensität: Zu viel externer Druck kann Stress und Vermeidungsverhalten auslösen, zu wenig Druck wird wirkungslos sein.

2. Kombiniere positive und negative Konsequenzen: Nicht nur Strafen, sondern auch Belohnungen einbauen.

3. Finde den passenden Accountability-Partner: Jemand, der dich herausfordert, ohne dich zu verurteilen.

4. Etabliere klare Überprüfungskriterien: Was genau gilt als Erfolg oder Misserfolg?

5. Schaffe einen regelmäßigen Rhythmus: Verbindliche Check-ins zu festen Zeiten.

Integration der Techniken für maximale Wirkung

Die fünf vorgestellten Techniken – Pomodoro, Implementation Intentions, Micro-Commitments, Umgebungsdesign und Accountability – entfalten ihre größte Wirkung, wenn sie kombiniert eingesetzt werden. Jede adressiert einen anderen Aspekt der Handlungsblockade und gemeinsam bilden sie ein robustes System für sofortiges Handeln.

Ein integrierter Ansatz könnte so aussehen:

1. Nutze Micro-Commitments, um den allerersten Schritt zu definieren (z.B. „Einen Satz schreiben").

2. Formuliere eine Implementation Intention, die einen konkreten Auslöser mit diesem ersten Schritt verbindet (z.B. „Wenn ich meinen Morgenkaffee getrunken habe, öffne ich das Dokument und schreibe einen Satz").

3. Gestalte deine Umgebung so, dass sie diese Handlung unterstützt (Dokument bereits geöffnet lassen, ablenkende Apps schließen).

4. Nutze die Pomodoro-Technik, um nach dem ersten Schritt am Ball zu bleiben (25 Minuten fokussierte Arbeit).

5. Etabliere Accountability, indem du deinen Fortschritt mit jemandem teilst oder öffentlich machst.

Dieser mehrschichtige Ansatz adressiert die häufigsten Hindernisse für sofortiges Handeln:
- Die Startangst (durch Micro-Commitments)
- Das Vergessen oder Aufschieben (durch Implementation Intentions)
- Ablenkungen und Versuchungen (durch Umgebungsdesign)
- Konzentrationsschwierigkeiten (durch die Pomodoro-Technik)
- Mangelnde Konsequenz (durch Accountability)

Fazit: Vom Wissen zum Handeln

Die Techniken in diesem Kapitel bieten dir ein kraftvolles Arsenal gegen die Startblockade — eines der hartnäckigsten Hindernisse auf dem

Weg zu einem starken Willen. Sie basieren nicht auf moralischen Appellen oder reiner Willensanstrengung, sondern auf wissenschaftlich fundierten Erkenntnissen der Verhaltenspsychologie.

Der Schlüssel liegt in der konsequenten Anwendung. Wähle eine oder zwei Techniken, die für deine aktuelle Situation am relevantesten erscheinen, und integriere sie in deinen Alltag. Mit der Zeit wirst du ein persönliches System entwickeln, das dich zuverlässig vom Denken ins Tun bringt.

Im nächsten Kapitel werden wir einen Schritt weitergehen und erkunden, wie du über einzelne Handlungen hinaus nachhaltige Gewohnheiten entwickeln kannst, die dich automatisch in Richtung deiner Ziele tragen.

Reflexionsfragen zum Kapitel:

1. Welche der vorgestellten Techniken entspricht am ehesten deinem natürlichen Arbeitsstil?

2. Welche spezifische Aufgabe könntest du mit der Pomodoro-Technik angehen?

3. Für welche wiederkehrende Handlung könntest du eine Implementation Intention formulieren?

4. Wie könntest du deine Arbeitsumgebung optimieren, um sofortiges Handeln zu fördern?

5. Welche Form der Accountability würde für deine aktuellen Ziele am besten funktionieren?

Gewohnheiten entwickeln, die dich automatisch handeln lassen

Stell dir vor, dein Gehirn könnte bestimmte Handlungen auf Autopilot schalten - Aktivitäten, die keinen Willensentschluss, keine Motivation und keine bewusste Entscheidung mehr erfordern.

Genau das sind Gewohnheiten: automatisierte Verhaltensweisen, die ohne nennenswerte mentale Anstrengung ablaufen.

Die Kraft der Gewohnheitsbildung liegt in ihrer Effizienz. Während einmalige Willensakte Energie kosten und immer wieder neu entschieden werden müssen, laufen etablierte Gewohnheiten nahezu mühelos ab. Sie sind der effizienteste Weg, langfristige Verhaltensänderungen zu erreichen und dein Leben nachhaltig zu verändern.

Die Wissenschaft der Gewohnheitsbildung

Gewohnheiten sind neurologisch verankerte Verhaltensroutinen. Wenn wir ein Verhalten wiederholt in einem ähnlichen Kontext ausführen, bildet unser Gehirn neuronale Schaltkreise, die diese spezifische Reaktion mit bestimmten Umgebungsreizen verbinden.

Der Neurowissenschaftler Ann Graybiel vom MIT hat in bahnbrechenden Studien gezeigt, dass etablierte Gewohnheiten im Striatum, einem Teil der Basalganglien im Gehirn, gespeichert werden. Dieses Gehirnareal ist spezialisiert auf die Automatisierung komplexer Verhaltenssequenzen und ermöglicht uns, Handlungen ohne bewusste Kontrolle durch den präfrontalen Kortex auszuführen.

Diese neurologische Verankerung erklärt, warum Gewohnheiten so beständig sind - sowohl die nützlichen als auch die schädlichen. Sie sind keine Frage moralischer Stärke oder Schwäche, sondern das Ergebnis neuronaler Programmierung, die durch konsequente Wiederholung entsteht.

Der Gewohnheitsforscher Charles Duhigg beschreibt in seinem Buch „Die Macht der

Gewohnheit" den grundlegenden Gewohnheitskreislauf, der aus drei Komponenten besteht:

1. Auslöser (Cue): Ein Reiz, der das Gehirn signalisiert, in eine automatische Verhaltensroutine zu verfallen.

2. Routine (Routine): Die eigentliche Handlung oder Verhaltenssequenz.

3. Belohnung (Reward): Ein positives Gefühl oder Ergebnis, das dem Gehirn signalisiert, sich diese Schleife zu merken.

Diese Trias - Auslöser, Routine, Belohnung - bildet die Grundstruktur jeder Gewohnheit. Zum Verständnis und zur gezielten Veränderung von Gewohnheiten müssen wir alle drei Komponenten identifizieren und beeinflussen.

Neben diesem Grundmodell gibt es weitere wissenschaftliche Erkenntnisse, die für die praktische Gewohnheitsbildung relevant sind:

- Die Gewohnheitsschleife wird durch Erwartung verstärkt: Je stärker wir eine Belohnung antizipieren, desto stärker wird der Drang, die Routine auszuführen.

- Kontextuelle Reize sind oft stärker als zeitliche Reize: „Nach dem Zähneputzen" ist ein stärkerer Auslöser als „Um 7 Uhr morgens".

- Bestehende Gewohnheiten können als Anker für neue dienen: Das „Habit Stacking" nutzt etablierte Routinen als Auslöser für neue Verhaltensweisen.

- Die Umgebung hat massiven Einfluss auf Gewohnheitsbildung: Neue Umgebungen erleichtern die Etablierung neuer Gewohnheiten, da weniger konkurrierende Reize vorhanden sind.

Wie du in 66 Tagen neue Gewohnheiten verankerst

Wie lange dauert es, bis ein neues Verhalten zur Gewohnheit wird? Die populäre Vorstellung von 21 Tagen ist ein Mythos. Eine umfassende Studie der University College London unter Leitung von Phillippa Lally zeigte, dass die tatsächliche Zeitspanne zwischen 18 und 254 Tagen variiert, mit einem Durchschnitt von 66 Tagen.

Diese Varianz erklärt sich durch mehrere Faktoren:

- Die Komplexität des Verhaltens
- Die persönliche Disposition
- Die Konsistenz der Ausführung
- Die Stärke der Belohnung
- Die Unterstützung durch die Umgebung

Für die praktische Gewohnheitsbildung bedeutet dies: Erwarte keine schnellen Wunder, sondern plane mit einem realistischen Zeitrahmen von etwa zwei Monaten für die Verankerung einer neuen Gewohnheit.

Der Prozess der Gewohnheitsbildung folgt dabei einer charakteristischen Kurve:

Phase 1: Bewusste Anstrengung (Tag 1-10)

In dieser Phase erfordert das neue Verhalten noch erhebliche bewusste Anstrengung und Willenskraft. Vergessen und Aufschieben sind häufig. Die neurologischen Pfade werden erst angelegt.

Phase 2: Bewusste Kompetenz (Tag 11-30)

Das Verhalten wird zunehmend vertrauter, erfordert aber immer noch bewusste Aufmerksamkeit. Die Wahrscheinlichkeit der Ausführung steigt, besonders wenn Auslöser und Belohnungen klar identifiziert sind.

Phase 3: Zunehmende Automatisierung (Tag 31-60)

Das Verhalten beginnt, automatischer zu werden. Die notwendige mentale Energie sinkt deutlich. In dieser Phase ist Konsistenz besonders wichtig, um die neuronalen Pfade zu stärken.

Phase 4: Gewohnheitsintegration (ab Tag 60+)

Das Verhalten ist weitgehend automatisiert und in den Alltag integriert. Es fühlt sich seltsam an, es NICHT zu tun. Die Gewohnheit ist etabliert.

Strategien für erfolgreiche Gewohnheitsbildung in 66 Tagen:

1. Starte mit einer einzigen, klar definierten Gewohnheit

Vermeide die Versuchung, mehrere Gewohnheiten gleichzeitig zu etablieren. Fokussiere dich auf eine spezifische, messbare Verhaltensweise.

2. Etabliere einen starken, konsistenten Auslöser

Verknüpfe die neue Gewohnheit mit einem bestehenden Verhalten oder einem unvermeidlichen täglichen Ereignis: „Nach dem Zähneputzen werde ich 10 Kniebeugen machen" oder „Wenn ich meinen Morgenkaffee trinke, schreibe ich drei Dankbarkeitsnotizen."

3. Minimiere anfangs den Aufwand

Beginne mit einer „winzigen Gewohnheit" -
einer Version so klein, dass sie lächerlich einfach
erscheint. Zwei Liegestütze statt zwanzig, eine
Minute Meditation statt zwanzig, ein Absatz statt
einer Seite.

4. Schaffe eine sofortige Belohnung

Unser Gehirn reagiert stärker auf unmittelbare als auf verzögerte Belohnungen. Etabliere
ein kleines Ritual, das dir sofort ein positives
Gefühl gibt: eine Selbstanerkennung, einen
Haken auf deiner Tracker-App, einen Moment
des Stolzes.

5. Führe ein Tracking-System ein

Dokumentiere täglich die Ausführung deiner
Gewohnheit. Die visuelle Darstellung deiner
„Nicht-unterbrechen-Kette" wird selbst zur
Motivation.

6. Plane für Hindernisse

Identifiziere potenzielle Störfaktoren und entwickle vorab Strategien: „Wenn ich auf Reisen
bin, mache ich meine Übungen im Hotelzimmer"
oder „Wenn ich keine Zeit für 30 Minuten Laufen
habe, gehe ich mindestens 5 Minuten."

7. Feiere Meilensteine

Anerkenne wichtige Etappen wie eine
Woche, einen Monat oder 50 Tage mit besonderen Belohnungen.

8. Etabliere Umgebungssignale

Platziere visuelle Erinnerungen oder benötigte Utensilien strategisch in deiner Umgebung:
Laufschuhe neben der Tür, Wasserflasche auf
dem Schreibtisch, Meditationskissen im Wohn-
zimmer.

Thomas, ein 42-jähriger Vertriebsleiter, wollte die
Gewohnheit des täglichen Lesens entwickeln.
Seine Strategie:

- Er definierte „täglich 10 Seiten eines Sachbuchs lesen" als Zielgewohnheit.

- Als Auslöser wählte er „Nach dem Abendessen".

- Er platzierte das aktuelle Buch auf dem Esstisch.

- Er nutzte eine einfache Kalender-App zum Tracking.

- Seine unmittelbare Belohnung: ein Häkchen im Kalender und ein kleiner Schluck guten Whisky.

- Bei Hindernissen (späte Meetings, Ausflüge) passte er die Vorgabe auf „mindestens eine Seite" an.

Nach 70 Tagen war das Lesen so fest etabliert, dass er es vermisste, wenn er es ausnahmsweise nicht tat. Heute, zwei Jahre später, hat er über 40 Bücher gelesen und seine Karriere durch dieses neue Wissen deutlich vorangebracht.

Trigger-Aktions-Belohnung: Der praktische Gewohnheitskreislauf

Die Erforschung jeder einzelnen Komponente des Gewohnheitskreislaufs - Trigger, Aktion, Belohnung - ermöglicht uns, Gewohnheiten präzise zu gestalten und zu verankern. Lass uns jede Komponente detailliert betrachten:

1. Die Kunst des effektiven Triggers

Ein idealer Trigger (oder Auslöser) ist:
  - Unvermeidlich (tritt regelmäßig auf)
  - Eindeutig (leicht erkennbar)
  - Kontextspezifisch (an eine bestimmte Situation gebunden)
  - Emotional neutral oder positiv besetzt

Es gibt fünf Hauptkategorien von Triggern:

a) Vorgänger-Gewohnheiten: Bestehende Routinen als Auslöser für neue Verhaltensweisen.

„Nach dem Zähneputzen" oder „Nach dem Anziehen" sind robuste Auslöser, weil sie bereits fest verankert sind.

b) Kontextuelle Reize: Spezifische Orte oder Umgebungen, die ein Verhalten auslösen. „Wenn ich am Schreibtisch sitze" oder „Wenn ich die Haustür öffne".

c) Zeitgebundene Auslöser: Bestimmte Uhrzeiten oder Tagesabschnitte. Diese sind generell schwächer als kontextuelle Reize, aber in Kombination mit anderen Triggern wirkungsvoll.

d) Emotionale Zustände: Bestimmte Gefühle als Auslöser für konstruktive Reaktionen. „Wenn ich Stress spüre, dann atme ich drei Mal tief durch."

e) Soziale Trigger: Anwesenheit oder Handlungen anderer Menschen. „Wenn mein Partner nach Hause kommt, frage ich nach seinem Tag."

Für die Etablierung neuer Gewohnheiten ist die „Habit Stacking"-Methode besonders effektiv: „Nach [bestehende Gewohnheit], werde ich [neue Gewohnheit]." Diese Technik nutzt die neuronal bereits gefestigten Pfade als „Huckepack"-Transport für neue Verhaltensweisen.

Bei der Auswahl eines Triggers solltest du auf folgende Qualitäten achten:

- Frequenz: Ein täglicher Trigger für eine tägliche Gewohnheit

- Zuverlässigkeit: Ein Trigger, der selten ausfällt

- Passung: Ein Trigger, der logisch mit der neuen Gewohnheit verbunden ist

- Zeitpunkt: Ein Trigger, der zu einer Zeit auftritt, zu der du die Gewohnheit ausführen kannst

2. Die optimale Gestaltung der Aktion

Die Aktion - das eigentliche Verhalten - sollte folgende Eigenschaften haben:

a) Spezifität: Klar definiert ohne Interpretationsspielraum. „30 Sekunden Plank" statt „ein bisschen trainieren".

b) Skalierbarkeit: Am Anfang minimal, mit Potenzial zur Steigerung. Beginne mit einer „lächerlich einfachen" Version.

c) Messbarkeit: Objektiv feststellbar, ob sie ausgeführt wurde oder nicht.

d) Attraktivität: Das Verhalten sollte idealerweise einen inhärenten Reiz haben oder zumindest nicht aversiv sein.

Die Verhaltensökonomin Katherine Milkman beschreibt die Technik des „Temptation Bundling" (Verlockungsbündelung): Verknüpfe eine Aktion, die du aufbauen möchtest, mit etwas, das du bereits genießt. Beispiele:
   - Podcasts nur beim Joggen hören

- Lieblingsserien nur beim Bügeln schauen
- Kaffee in einem besonderen Becher nur während der Arbeit an einem wichtigen Projekt trinken

Diese Verknüpfung nutzt bestehende Belohnungsmechanismen, um neue Verhaltensweisen attraktiver zu machen.

3. Die Wissenschaft der wirksamen Belohnung

Belohnungen sind der kritische Faktor, der dem Gehirn signalisiert: „Dieses Verhalten ist es wert, wiederholt zu werden." Eine effektive Belohnung hat diese Eigenschaften:

a) Unmittelbarkeit: Je kürzer die Zeit zwischen Aktion und Belohnung, desto stärker die Verknüpfung.

b) Konsistenz: Die gleiche Belohnung nach jeder Ausführung verstärkt die neurologische Assoziation.

c) Salienz: Die Belohnung muss bewusst wahrgenommen werden, um wirksam zu sein.

d) Variabilität: Interessanterweise können variable Belohnungen (wie bei Glücksspielen) langfristig stärkere Gewohnheiten formen als vorhersehbare.

Es gibt verschiedene Arten von Belohnungen, die du strategisch einsetzen kannst:

a) Intrinsische Belohnungen: Positive Gefühle, die direkt aus der Aktivität entstehen, wie das Gefühl der Klarheit nach der Meditation oder die Befriedigung nach dem Aufräumen.

b) Extrinsische Belohnungen: Externe Verstärker wie das Abhaken in einer App, eine kleine Belohnung oder soziale Anerkennung.

c) Identitätsbelohnungen: Die Bestätigung des Selbstbildes („Ich bin jetzt ein Läufer") kann eine starke Belohnung sein.

Ein häufiger Fehler ist, die natürlichen Belohnungen eines Verhaltens zu übersehen. Anstatt künstliche Belohnungen zu schaffen, hilft es oft, die inhärenten positiven Aspekte bewusster wahrzunehmen - das Gefühl erhöhter Energie nach dem Sport, die Klarheit nach dem Aufräumen des Schreibtisches, die Entspannung nach der Meditation.

Der integrierte Gewohnheitskreislauf in der Praxis

Die gezielte Gestaltung des gesamten Trigger-Aktion-Belohnung-Kreislaufs ist mächtiger als die isolierte Betrachtung einzelner Komponenten. Ein Beispiel:

Maria wollte die Gewohnheit des täglichen Journalings entwickeln:

- Trigger: „Nach dem ersten Schluck Morgenkaffee" (unvermeidlich, täglich, positiv besetzt)
    - Aktion: „Ich schreibe mindestens drei Sätze in mein Journal" (spezifisch, minimal, skalierbar)
    - Belohnung: Das Abhaken in ihrer Habit-Tracking-App plus ein zweiter Kaffee nur nach dem Journaling (unmittelbar, konsistent)

Sie positionierte das Journal direkt neben der Kaffeemaschine (Umgebungsdesign) und etablierte ein kleines Ritual: Nach dem Schreiben macht sie einen Haken in ihrer App und bereitet sich dann bewusst eine zweite Tasse Kaffee zu, die sie in ihrer Lieblingstasse genießt.

Nach 60 Tagen konsekventer Anwendung wurde das Journaling zu einem automatischen Teil ihrer Morgenroutine. Interessanterweise stieg die durchschnittliche Länge ihrer Einträge von drei Sätzen auf eine halbe Seite, ohne dass sie sich bewusst dazu entscheiden musste - ein klassisches Zeichen einer etablierten Gewohnheit, die sich natürlich entwickelt.

Tracking-Systeme für neue Gewohnheiten

„Was gemessen wird, wird gemacht" - diese Management-Weisheit gilt besonders für die Gewohnheitsbildung. Tracking-Systeme bieten drei entscheidende Vorteile:

1. Klarheit und Rechenschaft: Sie zeigen objektiv, ob du das gewünschte Verhalten tatsächlich ausgeführt hast.

2. Motivationskraft: Die visuelle Darstellung deiner Erfolgssträhne wird selbst zum Motivator.

3. Erkenntnisgewinn: Sie enthüllen Muster, Auslöser und Hindernisse, die dir sonst verborgen blieben.

Die Wirksamkeit von Trackingsystemen ist wissenschaftlich gut belegt. Eine Metaanalyse von über 100 Studien zeigte, dass Selbstmonitoring zu den effektivsten Strategien für Verhaltensänderung gehört, mit Erfolgsraten, die bis zu 50% höher liegen als bei Versuchen ohne systematisches Tracking.

Es gibt verschiedene Tracking-Methoden mit unterschiedlichen Stärken und Schwächen:

1. Analoge Tracking-Systeme

a) Die Nicht-unterbrechen-Kette (Don't Break the Chain)

Diese von Jerry Seinfeld popularisierte Methode verwendet einen physischen Kalender, auf dem jeder Tag, an dem du die Gewohnheit ausführst, mit einem X markiert wird. Die wachsende Kette von Xs wird zu einem visuellen Anreiz, die Gewohnheit fortzusetzen.

Vorteile:

- Einfach und visuell unmittelbar

- Erzeugt Vermeidungsmotivation („die Kette nicht brechen")

- Tägliche Sichtbarkeit

Nachteile:

- Binäres System (getan/nicht getan) ohne Nuancen

- Ein unterbrochener Tag kann demotivierend wirken

b) Das Gewohnheits-Raster (Habit Grid)

Eine erweiterte Version der Kette, bei der mehrere Gewohnheiten in einer Tabelle getrackt werden, mit Tagen in den Zeilen und Gewohnheiten in den Spalten.

Vorteile:

- Ermöglicht das Tracking mehrerer Gewohnheiten

- Zeigt Muster und Zusammenhänge zwischen verschiedenen Verhaltensweisen

- Bietet einen Überblick über die gesamte Gewohnheitslandschaft

Nachteile:

- Kann überfordernd werden, wenn zu viele Gewohnheiten gleichzeitig getrackt werden

- Erfordert regelmäßige Pflege

c) Das Bullet Journal Habit Tracker

Ein flexibles, selbst erstelltes System im Rahmen eines Bullet Journals, das künstlerisch und individuell gestaltet werden kann.

Vorteile:

- Hochgradig personalisierbar

- Der kreative Prozess kann selbst zur Belohnung werden

- Ermöglicht komplexe Visualisierungen

Nachteile:
- Zeitaufwändig in der Erstellung
- Erfordert Disziplin in der Pflege

2. Digitale Tracking-Systeme

a) Spezialisierte Habit-Tracking-Apps

Apps wie Habitica, Streaks oder Habit Bull bieten umfassende Funktionen zur Gewohnheitsverfolgung.

Vorteile:
- Automatische Erinnerungen und Benachrichtigungen
- Detaillierte Statistiken und Visualisierungen
- Oft gamifiziert mit zusätzlichen Belohnungssystemen

Nachteile:
- Können selbst zur Ablenkung werden

- Abhängigkeit von digitalen Geräten
- Möglicher Datenschutzverlust

b) Projektmanagement-Tools

Tools wie Trello, Notion oder Todoist können für fortgeschrittenes Gewohnheitstracking angepasst werden.

Vorteile:

- Integration mit anderen Lebensbereichen
- Hohe Anpassungsfähigkeit
- Detaillierte Dateneingabe möglich

Nachteile:

- Komplexer in der Einrichtung
- Nicht speziell für Gewohnheitsbildung optimiert

3. Soziale Tracking-Systeme

a) Accountability-Partnerschaften

Regelmäßiger Austausch mit einem Partner, der deine Fortschritte verfolgt.

Vorteile:
- Zusätzliche soziale Motivation
- Qualitatives Feedback möglich
- Emotionale Unterstützung

Nachteile:
- Abhängigkeit von der Zuverlässigkeit des Partners
- Weniger objektive Daten

b) Öffentliche Verpflichtungen

Öffentliche Ankündigungen und Updates in sozialen Medien oder spezialisierten Communities.

Vorteile:
- Starke soziale Rechenschaftspflicht
- Breites Unterstützungsnetzwerk
- Inspirierend für andere

Nachteile:

- Erhöhter Druck kann kontraproduktiv sein
- Fokus kann von intrinsischer auf extrinsische Motivation verlagert werden

4. Fortgeschrittene Tracking-Strategien

Für maximale Wirksamkeit kannst du mehrere Tracking-Ebenen kombinieren:

a) Tägliches Mikro-Tracking: Einfaches Abhaken der täglichen Ausführung.

b) Wöchentliche Reflexion: Tiefere Analyse von Mustern, Hindernissen und Erfolgen.

c) Monatliche Überprüfung: Anpassung der Strategien basierend auf längerfristigen Daten.

d) Quartalsauswertung: Überblick über größere Muster und strategische Anpassungen.

Johannes, ein 35-jähriger Produktmanager, entwickelte ein hybrides System für seine Fitnessziele:

- Tägliches Tracking in einer App (einfache Ja/Nein-Erfassung)
- Wöchentliches Journaling zu Energielevel, Schlafqualität und Motivation
- Monatliche Überprüfung der Daten mit seinem Trainingspartner
- Vierteljährliche Anpassung seines Trainingsplans basierend auf den gesammelten Daten

Dieses mehrschichtige System half ihm nicht nur, seine Trainingsgewohnheit zu etablieren, sondern lieferte auch wertvolle Erkenntnisse über die Zusammenhänge zwischen Schlaf, Ernährung und Trainingsleistung.

Praktische Tipps für effektives Habit-Tracking:

1. Halte es einfach zu Beginn: Starte mit einem minimalen System, das du tatsächlich nutzen wirst.

2. Integriere das Tracking selbst in deine Routine: Mache es zum Teil deiner morgendlichen oder abendlichen Ritual.

3. Platziere Tracking-Tools strategisch: Ein physischer Tracker sollte an einem Ort sein, den du täglich siehst.

4. Feiere Meilensteine: Plane Belohnungen für bestimmte Tracking-Erfolge (7 Tage, 30 Tage, 100 Tage).

5. Plane den Umgang mit Unterbrechungen: Entwickle eine Strategie für den unvermeidlichen Fall, dass die Kette einmal reißt.

6. Betrachte Daten neutral: Nutze Tracking als Informationsquelle, nicht als Anlass für Selbstkritik.

7. Experimentiere und optimiere: Passe dein Tracking-System an deine Bedürfnisse an, wenn du merkst, dass bestimmte Aspekte nicht funktionieren.

Gewohnheiten in Identität verwandeln

Die höchste Stufe der Gewohnheitsbildung wird erreicht, wenn ein Verhalten nicht mehr nur etwas ist, das du tust, sondern ein Teil dessen wird, wer du bist – wenn es in deine Identität übergeht.

Der Verhaltensexperte James Clear beschreibt diesen Prozess als „Identitätsbasierte Gewohnheiten". Die Grundidee: Es ist leichter, ein Verhalten beizubehalten, das mit deinem Selbstbild übereinstimmt. „Ich bin ein Läufer" führt zu nachhaltigerem Laufverhalten als „Ich versuche mehr zu laufen."

Dieser Identitätswandel durchläuft typischerweise drei Phasen:

Phase 1: Ergebnisfokussierung
„Ich will 5 Kilo abnehmen." Der Fokus liegt auf dem externen Ergebnis.

Phase 2: Prozessfokussierung
„Ich laufe dreimal pro Woche." Der Fokus verschiebt sich auf das regelmäßige Verhalten.

Phase 3: Identitätsfokussierung
„Ich bin ein Läufer." Das Verhalten wird Teil des Selbstverständnisses.

Wie kannst du diesen Identitätswandel bewusst fördern?

1. Formuliere bewusst identitätsbasierte Aussagen

Ersetze „Ich versuche zu meditieren" durch „Ich bin ein Meditierender". Wiederhole diese Aussagen wie Affirmationen.

2. Tauche ein in die entsprechende Community

Umgib dich mit Menschen, die diese Identität bereits leben. Laufgruppen, Schreibzirkel, Meditationsgemeinschaften.

3. Investiere symbolisch in die neue Identität

Kleine Anschaffungen können die Identität stärken: Laufschuhe für den Läufer, ein spezielles Notizbuch für den Schreibenden, ein Meditationskissen für den Meditierenden.

4. Teile deine neue Identität mit anderen

Wenn du dich öffentlich als „Läufer", „Schreibende" oder „Meditierender" bezeichnest, verstärkt dies dein eigenes Selbstbild.

5. Suche und schätze Identitätsbestätigende Erfahrungen

Achte besonders auf Momente, die deine neue Identität bestätigen: das Gefühl nach einem Lauf, das Flow-Erleben beim Schreiben, die Klarheit nach der Meditation.

Sarah, eine 38-jährige Marketingmanagerin, transformierte sich vom „Ich sollte mehr schreiben" zu „Ich bin eine Schriftstellerin". Ihre Strategie:

- Sie bezeichnete sich in Gesprächen bewusst als „Schriftstellerin" (auch wenn sie noch nichts veröffentlicht hatte)

- Sie trat einer lokalen Schreibgruppe bei und umgab sich mit Menschen, die diese Identität teilten

- Sie richtete eine spezielle „Schreib-Ecke" in ihrer Wohnung ein

- Sie führte ein tägliches Ritual ein: Jeden Morgen zündete sie eine spezielle Kerze an, die nur fürs Schreiben bestimmt war

- Sie feierte kleine Meilensteine mit identitäts-stärkenden Geschenken an sich selbst (ein besonderer Füller nach 30 Tagen konsequentem Schreiben)

Nach sechs Monaten war das tägliche Schreiben nicht mehr etwas, das sie sich abringen musste, sondern ein natürlicher Ausdruck dessen, wer sie war. Zwei Jahre später hatte sie ihren ersten Roman fertiggestellt - ein Ergebnis, das sie der identitätsbasierten Gewohnheitsbildung zuschreibt.

Fazit: Vom bewussten Handeln zur Automatisierung

Gewohnheiten sind der ultimative Ausdruck eines starken Willens: Sie machen Willenskraft nahezu überflüssig, indem sie gewünschtes Verhalten automatisieren. Während die Techniken aus dem vorherigen Kapitel dir helfen, sofort ins Handeln zu kommen, geben dir die Strategien der

Gewohnheitsbildung die Werkzeuge, diese Handlungen nachhaltig zu verankern.

Der Weg von der bewussten Anstrengung zur mühelosen Gewohnheit mag Zeit erfordern - durchschnittlich 66 Tage - aber die Investition lohnt sich vielfach. Jede etablierte Gewohnheit setzt mentale Ressourcen frei, die du für neue Herausforderungen nutzen kannst.

Beginne mit einer einzigen, klar definierten Gewohnheit. Gestalte bewusst den Trigger-Aktion-Belohnung-Kreislauf. Implementiere ein effektives Tracking-System und arbeite daran, das neue Verhalten in deine Identität zu integrieren. Mit diesem strukturierten Ansatz wirst du nicht nur einzelne Verhaltensweisen verändern, sondern langfristig ein Leben schaffen, das automatisch in Richtung deiner wichtigsten Ziele und Werte fließt.

Im nächsten Kapitel werden wir uns einer besonders herausfordernden Phase des Willens widmen: dem Durchhalten und Fertigstellen, wenn die anfängliche Begeisterung nachlässt und Hindernisse auftauchen.

Reflexionsfragen zum Kapitel:

1. Welche Gewohnheit würde dein Leben am meisten zum Positiven verändern, wenn sie vollständig automatisiert wäre?

2. Welche bestehenden Gewohnheiten könntest du als Trigger für neue Verhaltensweisen nutzen?

3. Welches Muster erkenne ich?

Ist dies Teil eines größeren Musters in deinem Entscheidungsverhalten? Neigst du generell dazu, materielle Faktoren zu überbewerten und kulturelle zu unterschätzen? Bist du zu optimistisch, was deine Anpassungsfähigkeit betrifft? Das Erkennen von Mustern hilft dir, tiefer liegende Denkfehler zu korrigieren.

4. Was werde ich beim nächsten Mal anders machen?

Formuliere konkrete, handlungsorientierte Schlussfolgerungen. Nicht „Ich werde besser aufpassen", sondern „Bei der nächsten Jobentscheidung werde ich mindestens drei aktuelle Mitarbeiter nach der Arbeitskultur befragen und einen Probetag vereinbaren."

5. Welche Form des Habit-Trackings entspricht am ehesten meinem persönlichen Stil?

6. Wie könnte ich Identitätsbelohnungen in meine Gewohnheitsbildung integrieren?

Die Macht von Gewohnheiten liegt in ihrer Fähigkeit, unser Leben ohne ständige Willensanstrengung zu verändern. Durch das Verständnis der wissenschaftlichen Grundlagen, die konsequente Anwendung des 66-Tage-Prozesses, die strategische Gestaltung des Trigger-Aktion-Belohnung-Kreislaufs, die Implementierung eines passenden Tracking-Systems und die Transformation von Verhaltensweisen in Identitätsbestandteile kannst du einen automatisierten Fluss positiver Handlungen in deinem Leben etablieren.

Erinnere dich: Der stärkste Wille ist jener, der sich selbst überflüssig macht, indem er Handlungen in Gewohnheiten verwandelt, die keiner bewussten Anstrengung mehr bedürfen.

Warum Menschen kurz vor dem Ziel aufgeben

Elke hatte es fast geschafft. Nach monatelanger Arbeit an ihrer Dissertation fehlten nur noch die letzten zwanzig Seiten. Die Forschung war abgeschlossen, die meisten Kapitel fertiggestellt. Doch plötzlich fand sie tausend andere Dinge, die wichtiger erschienen: ihr Apartment aufräumen, alte Freunde anrufen, sich um Verwaltungsangelegenheiten kümmern. Obwohl das Ziel in greifbarer Nähe war, konnte sie sich nicht überwinden, die Arbeit abzuschließen.

Elkes Geschichte illustriert ein verblüffendes, aber weit verbreitetes Phänomen: die Neigung, kurz vor dem Ziel aufzugeben. Dieses Kapitel untersucht, warum wir oft genau dann straucheln, wenn der Erfolg zum Greifen nah ist, und wie wir diese kritische Phase überwinden können.

Das Tal der Enttäuschung überwinden

Jedes größere Projekt folgt einer emotionalen Kurve, die der Produktentwickler und Unternehmensberater Gartner als „Hype-Zyklus" beschrieben hat. In angepasster Form lässt sich diese Kurve auf fast jeden längeren Prozess anwenden:

1. Der anfängliche Enthusiasmus: Zu Beginn eines Projekts sind wir voller Energie und Opti-

mismus. Die Möglichkeiten scheinen grenzenlos, und wir unterschätzen typischerweise die Schwierigkeiten.

2. Der Realitätsschock: Nach der ersten Euphorie tauchen Hindernisse auf. Die Fortschritte verlangsamen sich, und wir erkennen, dass der Weg schwieriger ist als gedacht.

3. Das Tal der Enttäuschung: Hier befindet sich der kritische Punkt. Die anfängliche Begeisterung ist verflogen, die Herausforderungen scheinen überwältigend, und die Belohnung liegt noch in der Zukunft. In diesem Tal geben die meisten Menschen auf.

4. Der Aufstieg zur Erleuchtung: Wer durchhält, beginnt allmählich, Fortschritte zu erkennen und Lösungen für Probleme zu finden. Die Zuversicht kehrt zurück.

5. Das Plateau der Produktivität: Schließlich erreicht man einen Zustand stabiler Produktivität, in dem Herausforderungen mit Zuversicht gemeistert werden.

Das „Tal der Enttäuschung" erweist sich als besonders gefährlich, weil es oft mit der „90% fertig"-Phase zusammenfällt. Die größten Herausforderungen in dieser Phase sind:

- Motivationsverlust: Die anfängliche Begeisterung ist verbraucht, und die Belohnung scheint noch fern.

- Ermüdung: Die kontinuierliche Anstrengung hat mentale und emotionale Ressourcen erschöpft.

- Angst vor dem Abschluss: Paradoxerweise können Erfolg und Veränderung beängstigend sein.

- Perfektionismus: Der Wunsch, alles perfekt zu machen, führt zu endlosen Überarbeitungen.

Um das Tal der Enttäuschung zu überwinden, kannst du folgende Strategien anwenden:

1. Erkenne die Phase: Das bloße Bewusstsein, dass du dich im „Tal der Enttäuschung" befindest, kann helfen, es als normale Phase zu akzeptieren statt als Signal zum Aufgeben.

2. Mikro-Meilensteine setzen: Unterteile den verbliebenen Weg in kleinste, konkrete Schritte. Statt „Dissertation abschließen" definiere „Heute Abschnitt 5.3 schreiben, maximal 2 Seiten".

3. Emotionale Regelmäßigkeit statt Euphorie anstreben: Ziel ist nicht, die anfängliche Begeisterung wiederzufinden, sondern eine stabile, moderate Motivation zu entwickeln.

4. Die 70%-Lösung: Akzeptiere, dass 70% des optimalen Ergebnisses oft ausreichend sind. Perfektionismus ist ein Hauptgrund für Stagnation.

5. Ritualisiere den Prozess: Schaffe feste Zeiten und Orte für die Arbeit, unabhängig von momentaner Motivation.

Michael, ein Softwareentwickler, steckte monatelang in den letzten 10% seines App-Projekts fest. Seine Lösung: Er definierte die absoluten Minimalanforderungen für einen „fertigen" ersten Release und verpflichtete sich öffentlich gegenüber seiner Community zu einem festen Veröffentlichungsdatum. Diese Kombination aus reduzierten Anforderungen und externer Verpflichtung half ihm, das Projekt innerhalb von zwei Wochen abzuschließen – nach sechs Monaten im „Tal der Enttäuschung".

Mit der „90% fertig"-Blockade umgehen

Die „90% fertig"-Blockade ist ein so verbreitetes Phänomen, dass sie in der Softwareentwicklung einen eigenen Namen hat: das „Ninety-ninety-Rule". Der Programmierer Tom Cargill formulierte es so: „Die ersten 90% des Codes benötigen die ersten 90% der Entwicklungszeit. Die restlichen 10% benötigen die anderen 90% der Entwicklungszeit."

Diese Blockade hat spezifische psychologische Ursachen:

1. Unterschätzung der letzten Details: Die abschließenden Aufgaben eines Projekts (Feinschliff, Korrekturen, Integration) werden systematisch in ihrer Komplexität unterschätzt.

2. Verlust des klaren Pfades: Während zu Beginn der Weg oft klar strukturiert ist, werden die letzten Schritte häufig vager und erfordern mehr Entscheidungen.

3. Angst vor Beurteilung: Solange ein Projekt unvollendet ist, kann es nicht vollständig bewertet werden – ein unbewusster Schutz vor Kritik.

4. Angst vor dem „Post-Projekt-Vakuum": Die Unsicherheit darüber, was nach dem Abschluss kommt, kann beunruhigend sein.

5. Trennungsangst: Bei längeren Projekten entwickeln wir eine emotionale Bindung, und der Abschluss bedeutet einen emotionalen Verlust.

Praktische Strategien zur Überwindung der 90%-Blockade:

1. Die „Definition of Done" festlegen: Definiere vorab schriftlich und präzise, wann das Projekt als abgeschlossen gilt. Diese klare Definition verhindert endlose Verfeinerungen.

2. Das nächste Projekt planen: Reduziere die Angst vor dem Post-Projekt-Vakuum, indem du bereits das nächste Vorhaben skizzierst.

3. Den „Just Ship It"-Ansatz adaptieren: In der Softwareentwicklung bedeutet „ship it", ein Produkt auch mit bekannten kleinen Mängeln zu veröffentlichen. Diese Philosophie lässt sich auf viele Projekte übertragen.

4. Trage deine Beerdigung vor: Eine ungewöhnliche, aber kraftvolle Technik: Stelle dir vor, dein Projekt würde nie fertiggestellt, und schreibe einen kurzen „Nachruf" darauf. Diese Übung verdeutlicht die emotionalen Kosten des Nicht-Fertigstellens.

5. Externe Fristen einführen: Melde dich für eine Präsentation an, setze ein öffentliches Veröffentlichungsdatum oder vereinbare eine Prüfung – externe Zeitdruck kann hocheffektiv sein.

Lisa, eine Grafikdesignerin, kämpfte mit der Fertigstellung von Kundenprojekten. Ihre Lösung war die „Drei-Versionen-Regel": Sie erlaubte sich genau drei Versionen eines Designs (Entwurf, Überarbeitung, Feinschliff), bevor sie es als fertig betrachtete. Diese selbst auferlegte Beschränkung durchbrach ihren Perfektionismus-Kreislauf und steigerte ihre Abschlussrate drastisch.

Kognitive Verzerrungen, die uns vom Fertigstellen abhalten

Unser Denken ist von zahlreichen kognitiven Verzerrungen geprägt – systematischen Abweichungen von rationalen Urteilen, die unser Verhalten unbewusst beeinflussen. Mehrere dieser Denkfehler können uns besonders stark vom Fertigstellen abhalten:

1. Der Sunk-Cost-Fallacy (Versunkene-Kosten-Falle): Je mehr Zeit und Energie wir in ein Projekt investiert haben, desto schwerer fällt es uns, es loszulassen oder abzuschließen. Wir fürchten, dass ein imperfektes Ergebnis die Investition „verschwendet" erscheinen lässt, und überarbeiten endlos.

2. Der Endowed-Progress-Effekt: Wenn wir einen wesentlichen Teil eines Projekts abgeschlossen haben, sinkt paradoxerweise oft unsere Motivation, weil das Gefühl der Dringlichkeit nachlässt.

3. Hyperbolic Discounting (Hyperbolische Diskontierung): Wir bevorzugen kleine, sofortige Belohnungen gegenüber größeren, späteren Belohnungen. Die unmittelbare Erleichterung des Aufschiebens überwiegt oft die langfristige Belohnung des Abschließens.

4. Der Perfektionismus-Bias: Wir überschätzen systematisch die Vorteile von Perfektion und unterschätzen die Kosten des Strebens danach. In den meisten Fällen bringt die letzte Verfeinerung von 95% auf 100% nur marginale Vorteile bei exponentiell steigendem Aufwand.

5. Identitäts-Bedrohung: Wenn wir unsere Identität stark mit einem Projekt verknüpft haben, kann dessen Abschluss als Bedrohung dieser Identität wahrgenommen werden. „Wenn mein Buch fertig ist, bin ich kein Autor mehr, sondern werde zum Beurteilten."

Strategien zur Überwindung dieser kognitiven Verzerrungen:

1. Bewusste Neubewertung versunkener Kosten: Frage dich: „Wenn ich dieses Projekt heute neu beginnen würde, wieviel Zeit würde ich noch

investieren?" Diese Perspektive hilft, irrationales Festhalten zu überwinden.

2. Künstliche Dringlichkeit schaffen: Setze dir selbst drastische Deadlines oder erschaffe Konsequenzen für Verzögerungen, um dem Endowed-Progress-Effekt entgegenzuwirken.

3. Belohnungsstruktur anpassen: Schaffe unmittelbare, greifbare Belohnungen für Fortschritte zum Abschluss, um hyperbolische Diskontierung zu umgehen.

4. Die „Gut-genug"-Regel einführen: Definiere vorab schriftlich, was „gut genug" für dieses spezifische Projekt bedeutet, um Perfektionismus zu begrenzen.

5. Identitäts-Brücken bauen: Plane bewusst, wie deine Identität nach Projektabschluss aussehen wird. „Wenn dieses Buch fertig ist, werde ich ein

veröffentlichter Autor sein und kann mit dem nächsten Projekt beginnen."

Andreas, ein Forscher, hatte Schwierigkeiten, wissenschaftliche Artikel abzuschließen. Seine Lösung für den Perfektionismus-Bias: Er führte ein „Artikel-Budget" ein – jeder Artikel durfte maximal 100 Arbeitsstunden beanspruchen, dokumentiert in einem Zeiterfassungstool. Diese künstliche Begrenzung zwang ihn, Prioritäten zu setzen und „gut genug" zu akzeptieren. Das Ergebnis: Seine Publikationsrate verdreifachte sich, ohne dass die Qualität merklich litt.

Die psychologischen Wurzeln des Nicht-Fertigstellens

Um die Blockaden beim Fertigstellen nachhaltig zu überwinden, ist es hilfreich, ihre tieferen psychologischen Wurzeln zu verstehen. Vier grundlegende psychologische Faktoren spielen eine besondere Rolle:

1. Angst vor Bewertung: Solange ein Projekt unvollendet ist, kann es nicht endgültig beurteilt werden. Das Nicht-Fertigstellen wird so zu einem unbewussten Schutz vor Kritik und Ablehnung.

2. Angst vor Erfolg: Paradoxerweise kann der Erfolg beängstigender scin als das Scheitern. Erfolg bringt neue Erwartungen, Verantwortungen und die Angst, diese nicht erfüllen zu können.

3. Verlust des Ziels als Identitätsanker: Langfristige Projekte werden oft Teil unserer Identität. „Ich schreibe ein Buch" ist eine identitätsstiftende Aussage, die mit dem Abschluss verloren geht.

4. Perfektionismus als Selbstschutz: Perfektionismus dient oft als Schutz vor Verletzlichkeit. Wenn wir unendlich verfeinern, müssen wir uns nie dem Urteil stellen.

Diese tieferen Ängste zu adressieren, erfordert spezifische Strategien:

1. Für die Angst vor Bewertung: Übe „Feedback-Desensibilisierung" durch bewusste, graduell gesteigerte Exposition gegenüber Kritik. Beginne mit vertrauenswürdigen Personen und erweitere den Kreis allmählich.

2. Für die Angst vor Erfolg: Führe ein „Erfolgs-Visualisierungstagebuch", in dem du täglich fünf Minuten aufschreibst, wie dein Leben nach dem erfolgreichen Abschluss aussehen wird, ein-schließlich der Bewältigung höherer Erwar-tungen.

3. Für den Identitätsverlust: Entwickle eine „Post-Projekt-Identität". Statt „Ich schreibe ein Buch" setze bewusst auf „Ich bin ein Autor, der gerade sein erstes Buch abschließt und das nächste plant."

4. Für perfektionistischen Selbstschutz: Praktiziere „Imperfektionismus-Übungen" – absichtliches Veröffentlichen imperfekter Arbeit in sicheren Kontexten, um die emotionale Toleranz für Unvollkommenheit zu erhöhen.

Carla, eine Künstlerin, erkannte ihre Angst vor Erfolg als Haupthindernis. Sie begann, täglich fünf Minuten über ihren Erfolg zu visualisieren und schriftlich zu reflektieren. Gleichzeitig baute sie bewusst eine „Post-Erfolgs-Identität" auf, indem sie bereits Skizzen für zukünftige Projekte anlegte. Diese doppelte Strategie half ihr, ihre Ausstellung nach jahrelangem Hinauszögern endlich zu realisieren.

Die strategische Fertigstellung:

Ein Fünf-Schritte-Plan

Basierend auf den bisherigen Erkenntnissen hier ein praktischer Fünf-Schritte-Plan zur strategischen Fertigstellung jedes Projekts:

Schritt 1: Projektinventur und Restanalyse

- Liste alle verbleibenden Aufgaben detailliert auf

- Teile sie in „Must-haves" und „Nice-to-haves" ein

- Schätze realistisch den Zeitaufwand für jede Aufgabe

- Identifiziere die kritischsten 20%, die 80% des Wertes liefern

Schritt 2: Die Definition von „Fertig" präzisieren

- Formuliere schriftlich, konkret und messbar, wann das Projekt als abgeschlossen gilt

- Bestimme objektive Kriterien statt subjektiver Gefühle

- Lass diese Definition von einem Mentor oder Kollegen gegenlesen und verfeinern

- Unterschreibe diese „Definition of Done" symbolisch

Schritt 3: Den Sprint zum Ziel planen
- Blockiere dedizierte, ungestörte Zeitfenster in deinem Kalender
- Schaffe künstliche, aber konsequenzenreiche Deadlines
- Eliminiere alle nicht-essentiellen Aktivitäten während dieser Sprintphase
- Organisiere die notwendigen Ressourcen im Voraus

Schritt 4: Hindernisse antizipieren und neutralisieren
- Identifiziere die drei wahrscheinlichsten Hindernisse
- Entwickle konkrete Wenn-Dann-Pläne für jedes Hindernis
- Bereite präventive Maßnahmen vor (z.B. Ablenkungsquellen eliminieren)
- Rekrutiere Unterstützung für kritische Phasen

Schritt 5: Abschluss-Rituale und Übergangspläne

- Plane ein konkretes Abschlussritual (z.B. symbolischer letzter Schritt)

- Definiere die unmittelbare Belohnung nach Fertigstellung

- Entwirf den „Tag danach" – was genau wirst du tun?

- Skizziere das nächste Projekt in groben Zügen

Dieser strukturierte Ansatz adressiert sowohl die praktischen als auch die psychologischen Aspekte des Fertigstellens. Er kombiniert klare Definition, strategische Planung, Hindernismanagement und emotionale Übergangsgestaltung zu einem umfassenden System.

Martin, ein Produktmanager, nutzte diesen Fünf-Schritte-Plan, um ein seit acht Monaten stockendes Softwareprojekt innerhalb von drei Wochen abzuschließen. Der entscheidende Wendepunkt war die radikale Neubetrachtung der „Definition of Done" und die Fokussierung auf die 20% der Features, die 80% des Wertes lieferten. Das Ergebnis war ein funktionierendes Produkt, das zwar weniger Features als ursprünglich geplant hatte, aber den Kernnutzen effektiv lieferte und tatsächlich auf den Markt kam.

Fazit: Fertigstellen als erlernbare Fähigkeit

Das Fertigstellen von Projekten ist keine angeborene Eigenschaft, sondern eine erlernbare Fähigkeit. Die Neigung, kurz vor dem Ziel aufzugeben, hat tiefe psychologische und kognitive Wurzeln, aber mit den richtigen Strategien kann sie überwunden werden.

Die Schlüsselerkenntnisse dieses Kapitels:

- Das „Tal der Enttäuschung" ist eine natürliche Phase, die mit spezifischen Strategien überwunden werden kann.

- Die „90% fertig"-Blockade beruht auf systematischer Unterschätzung der letzten Phase und emotionalen Faktoren.

- Kognitive Verzerrungen wie die Versunkene-Kosten-Falle und der Perfektionismus-Bias beeinflussen unsere Fähigkeit zum Abschließen.

- Tiefere Ängste vor Bewertung, Erfolg und Identitätsverlust müssen adressiert werden.

- Ein strukturierter Fünf-Schritte-Plan kann selbst lang stagnierende Projekte zur Fertigstellung bringen.

Im nächsten Kapitel werden wir die Werkzeugkiste für einen starken Willen erweitern und praktische Strategien zum Durchhalten über längere Zeiträume kennenlernen – für Situationen, in denen nicht nur ein einzelnes Projekt abgeschlossen, sondern langfristige Ziele verfolgt werden müssen.

Reflexionsfragen zum Kapitel:

1. Welches Projekt in deinem Leben befindet sich aktuell in der „90% fertig"-Phase?

2. Welche kognitiven Verzerrungen erkennst du bei dir selbst, wenn es um das Fertigstellen geht?

3. Welche tieferen Ängste könnten dich vom Abschließen abhalten?

4. Wie könntest du den Fünf-Schritte-Plan auf dein aktuelles, unvollendetes Projekt anwenden?

5. Welche „Definition of Done" würdest du für dieses Projekt formulieren?

Praktische Strategien zum Durchhalten

Durchhaltevermögen ist der Schlüssel zur Zielerreichung. Während viele Menschen die Fähigkeit haben, etwas zu beginnen, ist es die Kunst des Durchhaltens, die letztendlich über Erfolg oder Misserfolg entscheidet. In diesem Kapitel stelle ich dir wirksame Strategien vor, die dich auch durch schwierige Phasen tragen werden.

Das Fortschritts-Prinzip: Sichtbare Erfolge als Motivator

Die Verhaltensforscherin Teresa Amabile von der Harvard Business School entdeckte in ihren Studien einen bemerkenswerten Zusammenhang: Nichts motiviert Menschen stärker als das Erleben von Fortschritt bei bedeutsamer Arbeit.

Dieses „Progress Principle" erklärt, warum sichtbare Fortschritte so wichtig für anhaltende Motivation sind.

Unser Gehirn ist darauf programmiert, Fortschritt zu belohnen. Jedes Mal, wenn wir einen Schritt vorwärtskommen, schüttet es kleine Mengen Dopamin aus – ein Neurotransmitter, der Zufriedenheit und Motivation verstärkt. Ohne wahrnehmbare Fortschritte hingegen sinkt unsere Motivation rapide.

So nutzt du das Fortschrittsprinzip effektiv:

1. Fortschritte visualisieren
    Mache Fortschritte sichtbar durch visuelle Darstellungen:
    - Fortschrittsbalken für Projekte
    - Abhak-Kalender für tägliche Gewohnheiten
    - Meilenstein-Diagramme für langfristige Ziele

- Fotodokumentation bei physischen Veränderungen

2. Fortschritte klein teilen

Zerlege große Ziele in winzige Teilschritte, sodass du häufiger Fortschritte erleben kannst. Statt „Buch schreiben" definiere „500 Wörter schreiben", „Kapitel 3 überarbeiten" oder „Einleitung fertigstellen".

3. Fortschrittstagebuch führen

Führe ein tägliches Fortschrittstagebuch mit drei einfachen Fragen:

- Welchen Fortschritt habe ich heute gemacht?
- Was hat diesen Fortschritt ermöglicht?
- Was könnte morgigen Fortschritt fördern?

4. Nicht-lineare Fortschritte wertschätzen

Lerne, auch indirekte Fortschritte zu würdigen – Erkenntnisse, Fähigkeiten oder nützliche

Umwege, die nicht unmittelbar am Ziel ankommen, aber langfristig wertvoll sind.

5. Fortschrittsrituale etablieren

Schaffe Rituale zur Anerkennung von Fortschritten, wie wöchentliche Reflexionen oder die Feier von Meilensteinen.

Alexander, ein Softwareentwickler, kämpfte mit der Motivation bei einem komplexen Projekt. Seine Lösung: Er entwickelte ein persönliches Dashboard, das kleinste Fortschritte visualisierte – geschriebene Codezeilen, gelöste Probleme, abgeschlossene Module. Diese tägliche visuelle Bestätigung half ihm, auch durch schwierige Projektphasen durchzuhalten.

Commitment Devices: Wie du dich selbst „zwingst" dranzubleiben

Ein Commitment Device ist ein Mechanismus, den du in guten Zeiten einrichtest, um dein zukünftiges Selbst in schwachen Momenten zu „zwingen", bei einer Entscheidung zu bleiben. Diese Technik basiert auf der Erkenntnis, dass unser aktuelles und zukünftiges Selbst oft unterschiedliche Prioritäten haben.

Die Stärke von Commitment Devices liegt in ihrer Fähigkeit, die Lücke zwischen Absicht und Handlung zu überbrücken, indem sie die „Kosten" des Aufgebens erhöhen oder die Option des Aufgebens ganz eliminieren.

Hier sind die wirksamsten Arten von Commitment Devices:

1. Finanzielle Commitment Devices
   - Vorauszahlungen für langfristige Verträge (Fitnessstudio, Kurse)
   - Geld bei einem Treuhänder hinterlegen, das nur bei Zielerreichung zurückerstattet wird
   - „Strafzahlungen" bei Nichteinhaltung von Zusagen (z.B. an wohltätige Organisationen)

- Apps wie Stickk.com, die finanzielle Konsequenzen mit Zielen verknüpfen

2. Soziale Commitment Devices
- Öffentliche Verpflichtungen in sozialen Netzwerken
- Vorab vereinbarte Rechenschaftspflicht gegenüber Vertrauten
- Teilnahme an Wettbewerben oder Herausforderungen
- Tandemprojekte, bei denen dein Aufgeben andere beeinträchtigen würde

3. Physische Commitment Devices
- Entfernung von Ablenkungen und Versuchungen aus deiner Umgebung
- „Temptation Bundling": Verknüpfung angenehmer Aktivitäten mit disziplinfordernden
- Vorabplatzierung benötigter Materialien am Arbeitsplatz
- Abgabe von Ablenkungen (z.B. Smartphone) in „Verwahrung" während Arbeitszeiten

4. Technologische Commitment Devices
- Website-Blocker für fokussiertes Arbeiten
- Apps, die Benachrichtigungen während Arbeitszeiten deaktivieren
- Automatisierte Zahlungen oder Publikationen zu festgelegten Terminen
- Vorprogrammierte Erinnerungen an Ziele in schwierigen Momenten

5. Identitätsbasierte Commitment Devices
- Schriftliche Verträge mit dir selbst
- Formelle Selbstverpflichtungen mit persönlicher Unterschrift
- Symbolische Repräsentationen deiner Verpflichtung (Armband, Schreibtischgegenstand)
- „Identity Statements": Formelle Erklärungen über deine Identität

Johannes, ein Autor mit Tendenz zum Aufschieben, entwickelte ein mehrstufiges Commitment-System: Er zahlte seinem Freund 1000 Euro, die dieser nur zurückgeben würde, wenn Johannes sein Buchmanuskript pünktlich ablieferte (finanzielles Commitment). Zusätzlich kündigte er das Abgabedatum öffentlich auf seinem Blog an (soziales Commitment) und richtete sein Arbeitszimmer so ein, dass es ausschließlich zum Schreiben diente (physisches Commitment). Diese Kombination half ihm, sein erstes Buch pünktlich fertigzustellen, nachdem zwei frühere Projekte unvollendet geblieben waren.

Bei der Gestaltung effektiver Commitment Devices solltest du folgende Prinzipien beachten:

- Wähle die richtige Stärke: Das Commitment sollte stark genug sein, um wirksam zu sein, aber nicht so extrem, dass es überwältigend wirkt.
- Berücksichtige deine persönlichen Motivatoren: Manche Menschen reagieren stärker auf finanzielle, andere auf soziale oder identitätsbezogene Commitments.

- Etabliere das Commitment in Zeiten hoher Motivation: Richte Commitment Devices ein, wenn deine Entschlossenheit stark ist.

- Gestalte das Commitment präzise und messbar: Undefinierte Verpflichtungen sind leicht zu umgehen.

- Schaffe Commitments mit Eskalationsklauseln: Mechanismen, die bei ersten Anzeichen von Nachlassen automatisch stärker werden.

Die Kraft sozialer Verpflichtungen: Rechenschaftspartner finden

Menschen sind soziale Wesen. Diese fundamentale Eigenschaft kannst du strategisch nutzen, um dein Durchhaltevermögen zu stärken. Rechenschaftspartnerschaften – Beziehungen, in denen du regelmäßig über deine Fortschritte berichtest – gehören zu den wirksamsten Strategien für langfristiges Durchhalten.

Die Wirksamkeit sozialer Verpflichtungen basiert auf mehreren psychologischen Mechanismen:

- Soziale Erwartungen: Wir möchten in den Augen anderer als zuverlässig und konsequent erscheinen.
- Positive soziale Verstärkung: Anerkennung und Lob für Fortschritte wirken stark motivierend.
- Verpflichtung zur Ehrlichkeit: Die Notwendigkeit, Rückschläge einzugestehen, fördert Selbstreflexion.
- Unterstützung in Tiefphasen: Partner können emotionale Unterstützung bieten, wenn die eigene Motivation nachlässt.

Es gibt verschiedene Formen sozialer Rechenschaftssysteme, jedes mit spezifischen Stärken:

1. Der klassische Accountability-Partner
   Eine einzelne Person, mit der du regelmäßig (idealerweise wöchentlich) deine Fortschritte und

Herausforderungen besprichst. Diese Partnerschaft funktioniert am besten, wenn:

- Ihr ähnliche, aber nicht identische Ziele verfolgt

- Ihr einen festen Rhythmus für Check-ins etabliert

- Ihr klare Erwartungen definiert (Was soll berichtet werden? Wie direkt soll Feedback sein?)

- Ihr sowohl Erfolge feiert als auch Rückschläge analysiert

2. Mastermind-Gruppen

Kleine Gruppen (typischerweise 3-6 Personen), die sich regelmäßig treffen, um Fortschritte zu besprechen und sich gegenseitig zu unterstützen. Besonders effektiv für:

- Komplexe, langfristige Projekte

- Ziele, die von verschiedenen Perspektiven profitieren

- Menschen, die von Gruppendynamik motiviert werden

3. Mentorbeziehungen

Eine hierarchischere Form der Rechenschaft, bei der du einem erfahrenen Mentor berichtest, der den Weg bereits gegangen ist. Besonders wertvoll bei:

- Zielen, die spezifisches Expertenwissen erfordern

- Situationen, in denen du von der Erfahrung anderer lernen kannst

- Bereichen, in denen qualifiziertes Feedback entscheidend ist

4. Öffentliche Rechenschaft

Die Verpflichtung, Fortschritte öffentlich zu teilen – sei es in sozialen Medien, Blogs oder Communities. Diese Form eignet sich besonders für:

- Menschen, die durch öffentliche Anerkennung motiviert werden

- Ziele, die von einer Community unterstützt werden können

- Projekte, die anderen als Inspiration dienen können

5. Formalisierte Programme

Strukturierte Programme mit festgelegten Rechenschaftsmechanismen, wie Gewichtsabnahme-Gruppen, Schreibzirkel oder Laufgruppen. Diese bieten:

- Vordefinierte Strukturen und Protokolle
- Gemeinschaft Gleichgesinnter
- Oft professionelle Anleitung

Maria, eine Unternehmerin, traf sich monatlich mit ihrer dreiköpfigen Mastermind-Gruppe. Jedes Mitglied hatte zehn Minuten Zeit, über Fortschritte zu berichten, gefolgt von zwanzig Minuten Feedback und Brainstorming durch die Gruppe. Diese Struktur schuf nicht nur Rechenschaft, sondern auch wertvolle Perspektiven und Lösungsansätze. „Die Treffen wurden zu heiligen Terminen in meinem Kalender", berichtet sie. „Das Wissen, dass ich vor der Gruppe Rechenschaft ablegen musste, half mir durch zahlreiche schwierige Phasen."

Für maximale Wirksamkeit sozialer Rechenschaftssysteme beachte folgende Prinzipien:

- Wähle die richtige Person/Gruppe: Suche Partner, die selbst zuverlässig und ziclorientiert sind.

- Etabliere klare Strukturen: Definiere Häufigkeit, Format und Erwartungen der Rechenschaft.

- Schaffe Balance zwischen Unterstützung und Herausforderung: Der ideale Partner bietet sowohl Ermutigung als auch konstruktive Kritik.

- Dokumentiere Vereinbarungen: Schriftliche Vereinbarungen erhöhen die Verbindlichkeit.

- Evaluiere und adjustiere: Überprüfe regelmäßig, ob das gewählte System optimal funktioniert.

Mentale Kontraste: Visualisierung von Hindernissen und Lösungen

Die Technik der mentalen Kontrastierung, entwickelt von der Psychologin Gabriele Oettingen, ist eine wissenschaftlich fundierte Methode, die häufiger und nachhaltiger zu Zielerreichung führt als rein positives Denken. Während populäre Ansätze oft ausschließlich positive Visualisierung empfehlen, zeigt die Forschung, dass eine Kombination aus positiver Zielvisualisierung und realistischer Hindernisantizipation deutlich wirksamer ist.

Der mentale Kontrastierungsprozess, auch als WOOP-Methode bekannt (Wish, Outcome, Obstacle, Plan), besteht aus vier Schritten:

1. Wish (Wunsch): Identifiziere ein bedeutsames, erreichbares Ziel.

2. Outcome (Ergebnis): Visualisiere lebhaft die positiven Ergebnisse bei Erreichung dieses Ziels.

3. Obstacle (Hindernis): Identifiziere das wichtigste innere Hindernis, das dich davon abhalten könnte.

4. Plan (Plan): Entwickle einen Wenn-Dann-Plan, der festlegt, wie du auf dieses Hindernis reagieren wirst.

Diese Methode funktioniert aus mehreren Gründen außergewöhnlich gut:

- Sie nutzt die motivicrende Kraft positiver Vorstellungen
  - Sie bereitet das Gehirn auf Hindernisse vor, reduziert die Überraschung
  - Sie verbindet Hindernisse direkt mit konkreten Lösungen
  - Sie stärkt das Gefühl der Selbstwirksamkeit
  - Sie schützt vor dem „False Hope Syndrome" – unrealistischem Optimismus ohne Handlungsplan

So wendest du mentale Kontrastierung effektiv an:

1. Tägliche WOOP-Übung: Reserviere 5-10 Minuten täglich, um ein aktuelles Ziel mental zu kontrastieren.

2. Hindernisdifferenzierung: Unterscheide zwischen internen Hindernissen (eigene Gedanken, Gefühle, Gewohnheiten) und externen Faktoren. Fokussiere primär auf die internen Hindernisse.

3. Spezifische Wenn-Dann-Pläne: Formuliere präzise Reaktionspläne im Format „Wenn Hindernis X auftritt, dann tue ich Y". Je spezifischer, desto wirksamer.

4. Visualisiere den Kontrast: Stelle dir zuerst das positive Ergebnis vor, dann das Hindernis, wie eine Montage zweier Bilder. Dieser Kontrast aktiviert energetisierende Hirnregionen.

5. Schriftliche Dokumentation: Halte deine WOOP-Übungen schriftlich fest, um Klarheit und Verbindlichkeit zu erhöhen.

Stefan, ein Marathon-Läufer, nutzte mentale Kontrastierung zur Vorbereitung auf sein härtestes Rennen. Täglich visualisierte er den triumphalen Zieleinlauf, identifizierte dann sein größtes internes Hindernis – den mentalen „Einbruch" um Kilometer 30 – und entwickelte spezifische Reaktionspläne: „Wenn ich bei Kilometer 30 aufgeben will, dann werde ich mich auf meinen Atem konzentrieren und mir meine drei Motivationswörter wiederholen." Diese mentale Vorbereitung half ihm, den schwierigsten Punkt des Rennens zu überwinden, an dem er früher häufig aufgegeben hatte.

Für fortgeschrittene Anwender gibt es mehrere Vertiefungsmöglichkeiten:

- Mehrschichtige Hindernisanalyse: Arbeite mit primären, sekundären und tertiären Hindernissen und entsprechenden Plänen.

- Hindernis-Journaling: Führe Tagebuch über aufgetretene Hindernisse und die Wirksamkeit deiner Reaktionen.

- Gruppenkontraste: Führe WOOP-Übungen in Teams durch, um gemeinsame Hindernisse zu identifizieren.

- Visualisierungshilfen: Erstelle Bildkarten oder Collagen, die Ziele und Hindernisse repräsentieren.

Habitstacking: Neue Routinen in bestehende verankern

Habitstacking – das strategische Verankern neuer Gewohnheiten in bereits etablierten Routinen – ist eine besonders wirksame Technik für langfristiges Durchhalten. Der Begriff wurde von S.J. Scott geprägt und basiert auf dem neurologischen Prinzip, dass bestehende neuronale Pfade als „Autobahnen" für neue Verhaltensweisen dienen können.

Die Grundformel lautet: „Nach/vor [bestehende Gewohnheit] werde ich [neue Gewohnheit]."

Beispiele:

- „Nach dem Zähneputzen werde ich 10 Minuten meditieren."

- „Bevor ich den ersten Kaffee trinke, werde ich meine drei wichtigsten Tagesziele notieren."

- „Nach dem Betreten meines Büros werde ich zuerst 25 Minuten an meinem wichtigsten Projekt arbeiten."

Die Wirksamkeit des Habitstackings basiert auf mehreren Faktoren:

1. Nutzung bestehender Trigger: Es nutzt bereits automatisierte Verhaltensweisen als zuverlässige Auslöser.

2. Reduktion von Entscheidungsenergie: Der Trigger-Moment erfordert keine aktive Entscheidung.

3. Kontextkonsistenz: Bestehende und neue Gewohnheit finden im selben Kontext statt.

4. Inkrementeller Ansatz: Es ermöglicht schrittweises Hinzufügen neuer Gewohnheiten zum bestehenden System.

Um Habitstacking effektiv zu nutzen, folge diesen Schritten:

1. Kartiere deine bestehenden Gewohnheiten: Identifiziere bereits automatisierte tägliche Routinen, die als Anker dienen können. Achte besonders auf:

- Morgenroutinen (Aufwachen, Zähneputzen, Kaffee trinken)

- Übergänge (Nachhausekommen, Betreten des Büros, Mittagspause)

- Abendroutinen (Abendessen, Vorbereitungen für den nächsten Tag)

2. Wähle logische Verknüpfungen: Verbinde neue Gewohnheiten mit passenden bestehenden Routinen:

- Räumliche Nähe (gleicher Ort)

- Thematische Ähnlichkeit (ähnlicher Aktivitätstyp)

- Energetische Kompatibilität (ähnliches Energieniveau)

- Zeitliche Passung (passende Dauer)

3. Beginne mit einer einzigen Verknüpfung: Etabliere erst eine Habitstack-Verbindung vollständig, bevor du weitere hinzufügst.

4. Formuliere klare Wenn-Dann-Sätze: Schreibe deine Habitstack-Formel auf und platziere sie sichtbar nahe dem Ausführungsort.

5. Minimiere anfangs den Umfang: Beginne mit einer sehr kleinen Version der neuen Gewohnheit (z.B. 2 Minuten statt 20 Minuten).

6. Schaffe visuelle Erinnerungen: Platziere Hinweise oder benötigte Materialien direkt am Ort der Auslösergewohnheit.

Lukas, ein Vertriebsleiter, wollte täglich strategische Planungszeit etablieren, schaffte es aber nie, diese unterzubringen. Seine Lösung: Er verankerte 15 Minuten strategische Planung direkt nach seinem morgendlichen Kaffee – einer bereits fest etablierten Gewohnheit. Er platzierte sein Planungsnotizbuch neben der Kaffeemaschine und formulierte die klare Regel: „Nach meinem ersten Kaffee und bevor ich E-Mails öffne, arbeite ich 15 Minuten an meiner strategischen Planung." Nach wenigen Wochen war diese Verbindung so stark, dass er automatisch nach dem Kaffee zum Notizbuch griff.

Fortgeschrittene Habitstacking-Strategien umfassen:

- Habitchaining: Verkettung mehrerer neuer Gewohnheiten in einer Sequenz (nach A kommt B, nach B kommt C)

- Habitbranching: Verzweigung je nach Tag oder Situation (nach A kommt montags B, dienstags C)

- Kulturelles Habitstacking: Teilen von Habitstacks in Familien oder Teams

- Lokationsbasiertes Stacking: Verankern von Gewohnheiten an Orten statt an Aktivitäten

Integration der Durchhaltestrategien in ein persönliches System

Die größte Stärke dieser Durchhaltestrategien liegt in ihrer Kombination zu einem integrierten persönlichen System. Die verschiedenen Techniken ergänzen sich und adressieren unterschiedliche Aspekte der Durchhalteherausforderung:

- Das Fortschrittsprinzip liefert die tägliche Motivation durch sichtbare Erfolge

- Commitment Devices schaffen externe Strukturen, die Rückfälle erschweren
- Rechenschaftspartner bieten soziale Unterstützung und Feedback
- Mentale Kontrastierung bereitet dich psychologisch auf Hindernisse vor
- Habitstacking automatisiert die Ausführung und reduziert den Willensaufwand

Ein integriertes Durchhaltesystem könnte so aussehen:

1. Tägliche Praxis:
- Morgens: Mentale Kontrastierung (WOOP) für den Tag
- Tagsüber: Habitstacks zur Ausführung wichtiger Aktivitäten
- Abends: Dokumentation von Fortschritten im Fortschrittstagebuch

2. Wöchentliche Routinen:

- Treffen mit Rechenschaftspartner oder Mastermind-Gruppe

- Wöchentliche Fortschrittsvisualisierung

- Überprüfung und Anpassung von Wenn-Dann-Plänen

3. Monatliche Praktiken:

- Überprüfung und Anpassung von Commitment Devices

- Tiefere Analyse von Mustern und Hindernissen

- Feier von Meilensteinen mit bedeutungsvollen Ritualen

4. Kontinuierliche Umgebungsgestaltung:

- Visuelle Fortschrittsanzeigen an strategischen Orten

- Platzierung von Habitstack-Erinnerungen

- Entfernung von Versuchungen und Ablenkungen

Maria, eine Unternehmerin, entwickelte folgendes integriertes System für ihr Buchprojekt:

- Fortschrittsprinzip: Tägliche Dokumentation geschriebener Wörter in einer sichtbaren Grafik
  - Commitment Device: 1000€ bei einem Freund hinterlegt, zurückzahlbar nur bei pünktlicher Fertigstellung
  - Rechenschaft: Wöchentlicher Videocall mit zwei anderen Autoren
  - Mentale Kontrastierung: Tägliche WOOP-Übung zu ihrem größten internen Schreibhindernis
  - Habitstacking: Schreibroutine verankert nach dem Morgenkaffee

Dieses mehrschichtige System half ihr, ihr erstes Buch innerhalb von sechs Monaten zu vollenden – nachdem zwei frühere Versuche gescheitert waren.

Beim Aufbau deines persönlichen Durchhaltesystems beachte folgende Prinzipien:

1. Beginne mit einem Kernbereich: Wähle einen Lebensbereich für die erste Implementierung deines Systems.

2. Integriere schrittweise: Füge Techniken nacheinander hinzu, nicht alle auf einmal.

3. Personalisiere intelligent: Passe die Techniken an deine Präferenzen an, aber respektiere ihre Kernmechanismen.

4. Etabliere Feedback-Schleifen: Überprüfe regelmäßig, welche Elemente funktionieren und welche angepasst werden müssen.

5. Schaffe Meta-Gewohnheiten: Entwickle Gewohnheiten zur Pflege deines Durchhaltesystems selbst.

Fazit: Vom einzelnen Durchbruch zum nachhaltigen Durchhalten

Das Durchhalten über längere Zeiträume ist keine Frage der Willenskraft oder des Charakters, sondern eine Frage der richtigen Systeme und Strategien. Mit dem Fortschrittsprinzip, Commitment Devices, sozialen Verpflichtungen, mentaler Kontrastierung und Habitstacking verfügst du nun über ein komplettes Arsenal an Werkzeugen, um selbst anspruchsvollste langfristige Ziele zu verfolgen.

Der Schlüssel liegt darin, diese Techniken nicht isoliert, sondern als integriertes System einzusetzen, das die verschiedenen Aspekte der Durchhalteherausforderung adressiert: Motivation, Struktur, soziale Unterstützung, psychologische Vorbereitung und Automatisierung.

Im nächsten Kapitel werden wir uns einem besonders herausfordernden Aspekt des Durchhaltens widmen: der Überwindung von Angst vor Kritik und Veröffentlichung – jenen Ängsten, die oft verhindern, dass fertige Projekte tatsächlich das Licht der Welt erblicken.

Reflexionsfragen zum Kapitel:

1. Welche der vorgestellten Durchhaltestrategien entspricht am ehesten deinem natürlichen Stil?

2. Welches Commitment Device könntest du für dein aktuell wichtigstes Ziel einrichten?

3. Wer wäre ein idealer Rechenschaftspartner für dich, und wie könntest du diese Beziehung strukturieren?

4. Welche bestehende Gewohnheit könnte als Anker für eine neue, wichtige Gewohnheit dienen?

5. Wie könntest du ein integriertes Durchhaltesystem für deinen wichtigsten Lebensbereich gestalten?

Die Angst vor Kritik und Veröffentlichung überwinden

Thomas saß in seinem Büro, den Finger über der Senden-Taste schwebend. Seine Präsentation für die Firmenkonferenz war perfekt vorbereitet - jedes Detail durchdacht, jede Folie optimiert. Und doch konnte er sich nicht überwinden, sie an seinen Vorgesetzten zu schicken. Was, wenn sie nicht gut genug war? Was, wenn er sich lächerlich machte? Nach einer Stunde des Zögerns speicherte er die Datei in seinem „Entwürfe"-Ordner - neben einem Dutzend anderer fast fertiger Projekte, die niemals das Licht der Welt erblickt hatten.

Thomas' Situation illustriert ein weit verbreitetes Phänomen: die Angst davor, unsere Arbeit zu veröffentlichen und der Beurteilung durch andere auszusetzen. Diese Angst kann selbst die stärkste Willenskraft untergraben und dazu führen, dass beeindruckende Leistungen ungesehen in Schubladen oder digitalen Ordnern verschwinden.

Warum Perfektionismus toxisch ist

Perfektionismus wird oft als Tugend dargestellt - als Streben nach Exzellenz und hohen Standards. In Wirklichkeit ist er jedoch häufig ein toxisches Muster, das Fortschritt blockiert und psychische Belastungen verursacht.

Die Psychologin Brené Brown definiert Perfektionismus als „den Glauben, dass wenn wir perfekt aussehen, leben und arbeiten, wir Kritik, Ablehnung und Scham minimieren oder vermeiden können." Im Kern ist Perfektionismus also keine Qualitätsstrategie, sondern eine

Schutzstrategie - ein Versuch, Verletzlichkeit zu vermeiden.

Perfektionismus unterscheidet sich fundamental vom gesunden Streben nach Exzellenz:

- Exzellenzstreben ist prozessorientiert, Perfektionismus ist ergebnisorientiert
  - Exzellenzstreben motiviert, Perfektionismus lähmt
  - Exzellenzstreben fokussiert auf Wachstum, Perfektionismus auf Vermeidung von Fehlern
  - Exzellenzstreben erlaubt Fehler als Lernchancen, Perfektionismus sieht Fehler als Beweise der Unzulänglichkeit

Die toxischen Auswirkungen des Perfektionismus zeigen sich in verschiedenen Bereichen:

1. Produktivitätsblockaden: Perfektionisten produzieren oft weniger, weil sie unfähig sind, „gute genug" Arbeit freizugeben.

2. Emotionale Belastung: Perfektionismus korreliert stark mit Angstzuständen, Depression und Burnout.

3. Prokrastination: Paradoxerweise führt Perfektionismus zu Aufschiebeverhalten, da die Angst vor unvollkommenen Ergebnissen den Start verhindert.

4. Innovationshemmung: Die Angst vor Fehlern unterdrückt Kreativität und Risikoverhalten.

5. Zerrüttete Beziehungen: Perfektionistische Ansprüche an andere belasten soziale Interaktionen.

Um den toxischen Perfektionismus zu überwinden, kannst du folgende Strategien anwenden:

1. Unterscheide zwischen Hochwertigkeit und Perfektion

Definiere schriftlich, was „hochwertige Arbeit" in deinem Bereich bedeutet - ohne das Wort „perfekt" zu verwenden. Diese konkrete Definition ermöglicht dir, Qualität anzustreben ohne in die Perfektionismusfalle zu tappen.

2. Praktiziere bewusste Unvollkommenheit

Führe regelmäßig „Unvollkommenheitsübungen" durch - kleine Handlungen, bei denen du absichtlich nicht dein Bestes gibst. Beginne mit niedrigschwelligen Aktivitäten (eine E-Mail mit einem kleinen Tippfehler senden) und steigere allmählich die Bedeutsamkeit.

3. Etabliere die 80/20-Regel

Wende das Pareto-Prinzip an: Erkenne, dass 80% des Wertes oft mit 20% des Aufwands erreicht werden. Definiere für jedes Projekt, wann der 80%-Wert erreicht ist, und erkläre es dann für „gut genug".

4. Setze Anti-Perfektionismus-Fristen

Arbeite mit strikten zeitlichen Begrenzungen. „Diese Präsentation bekommt genau 3 Stunden meiner Zeit, dann wird sie eingereicht - egal in welchem Zustand."

5. Entwickle eine Wachstumsperspektive

Kultiviere die Überzeugung, dass Fähigkeiten durch Übung verbessert werden können (Wachstumsdenken) statt der Vorstellung, dass Talent fix ist (statisches Denken). Dies reduziert die Angst vor dem Zeigen von Unvollkommenheit.

Clara, eine Grafikdesignerin, litt stark unter ihrem Perfektionismus. Ihre Lösung: Sie führte eine „Drei-Versionen-Regel" ein. Nach der dritten Version eines Designs musste sie es dem Kunden präsentieren - ohne Ausnahme. Diese selbst auferlegte Beschränkung zwang sie, den Perfektionismuskreislauf zu durchbrechen, und führte zu viel höherer Produktivität und Kundenzufriedenheit.

Praktische Übungen zur Kritik-Desensibilisierung

Die Angst vor Kritik ist ein fundamentales menschliches Gefühl, das evolutionär begründet ist: In prähistorischen Gesellschaften konnte soziale Ablehnung lebensbedrohlich sein. In der modernen Welt jedoch hindert uns diese Angst oft daran, unsere Arbeit zu teilen und unser volles Potenzial zu entfalten.

Kritik-Desensibilisierung - die systematische Verringerung der emotionalen Reaktion auf Kritik - kann durch gezielte Übungen erreicht werden. Diese Übungen basieren auf dem Prinzip der graduellen Exposition, einer bewährten Technik zur Überwindung von Ängsten.

1. Die Mikro-Sharing-Leiter
Beginne mit dem Teilen kleiner, unbedeutender Inhalte und steigere allmählich die persönliche Bedeutung. Beispielsequenz:

- Teile einen interessanten Artikel mit einem Kommentar in sozialen Medien
- Veröffentliche ein Foto deiner Arbeit
- Teile einen kurzen selbst geschriebenen Text mit einem vertrauten Freund
- Präsentiere eine Idee in einer kleinen Gruppenumgebung
- Veröffentliche eincn längeren selbst erstellten Inhalt in einer größeren Community

Jeder Schritt sollte leicht außerhalb deiner Komfortzone liegen, aber nicht überwältigend sein.

2. Das Kritik-Journaling

Führe ein strukturiertes Tagebuch zur Verarbeitung erhaltener Kritik:
- Notiere die erhaltene Kritik wörtlich
- Identifiziere deine emotionale Reaktion (ohne Bewertung)
- Warte 24 Stunden

- Analysiere die Kritik auf ihren möglichen Wert (Was könnte daran wahr sein?)

- Formuliere, was du daraus lernen kannst

- Notiere einen konkreten Aktionsschritt basierend auf der Kritik

3. Die Kritik-Immersion

Suche aktiv nach Feedback zu deiner Arbeit, beginnend in sicheren Umgebungen und allmählich erweiternd:

- Bitte einen vertrauten Freund um ehrliches Feedback

- Suche Feedback in einer wohlwollenden Community

- Stelle deine Arbeit in einer formellen Feedback-Umgebung vor

- Veröffentliche in offenen Foren mit konstruktiver Feedback-Kultur

- Stelle dich schließlich auch kritischeren Umgebungen

4. Die Worst-Case-Visualisierung

Visualisiere detailliert das schlimmstmögliche Feedback-Szenario:

- Stelle dir die schärfste denkbare Kritik vor

- Durchlebe mental deine emotionale Reaktion

- Entwickle einen konkreten Plan, wie du damit umgehen würdest

- Visualisiere, wie du die Situation überstehst und weitermachst

Diese Übung nutzt die Technik der „negativen Visualisierung" aus der stoischen Philosophie, um die Angst vor dem Worst-Case zu reduzieren.

5. Die Feedback-Reframing-Praxis

Übe das sofortige Umdeuten von Kritik:

- Interpretiere Kritik als Geschenk (jemand investiert Zeit, um dir zu helfen)

- Betrachte Kritik als Daten, nicht als Urteil

- Separiere Kritik an deiner Arbeit von Kritik an dir als Person

- Fokussiere auf den Wachstumsaspekt: „Diese Kritik hilft mir, besser zu werden"

Marcus, ein Schriftsteller, überwand seine lähmende Angst vor Kritik durch systematische Desensibilisierung: Er begann damit, kurze Texte in einem kleinen Online-Workshop zu teilen, dann in einer größeren Community, schließlich auf einer offenen Plattform. Nach jeder Feedback-Runde führte er sein Kritik-Journal und analysierte seine emotionalen Reaktionen. „Am Anfang fühlte sich negative Kritik wie ein physischer Schlag an", erinnert er sich. „Nach sechs Monaten konnte ich sie als wertvolle Information betrachten, die mir half, mein Handwerk zu verbessern."

Für maximale Wirksamkeit solltest du diese Übungen:

- Regelmäßig praktizieren (wöchentlich ist ideal)
- Graduell in der Intensität steigern

- Mit Selbstmitgefühl begleiten
- In einem Tagebuch dokumentieren
- Mit einem Vertrauten oder Coach besprechen

Die „Schublade-Falle": Warum fertige Projekte oft nie das Licht der Welt erblicken

Die „Schublade-Falle" beschreibt das Phänomen, dass viele kreative und berufliche Projekte zwar fast oder vollständig fertiggestellt werden, aber nie veröffentlicht oder präsentiert werden. Sie verschwinden in physischen oder digitalen „Schubladen" - unsichtbar für die Welt und ohne die Chance, Wirkung zu entfalten.

Die Ursachen für dieses verbreitete Phänomen sind vielfältig und tiefgreifend:

1. Der Identitätsschutz-Mechanismus

Solange ein Projekt unveröffentlicht bleibt, kann es nicht scheitern. Dieser Schutzmechanismus bewahrt unser Selbstbild als „talentiert aber unentdeckt" statt uns dem Risiko auszusetzen, als „mittelmäßig und bewertet" gesehen zu werden.

2. Die Finalitätsangst

Veröffentlichung bedeutet, einen Prozess abzuschließen - was oft beängstigender ist als im vertrauten Prozess zu verbleiben. Die Veröffentlichung erzwingt Loslassen und Abschied von einem Projekt, das Teil unserer Identität geworden ist.

3. Das „Es ist noch nicht bereit"-Syndrom

Die subjektive Überzeugung, dass das Projekt „fast, aber noch nicht ganz fertig" ist, kann ein endloser Kreislauf werden, da die Definition von „fertig" ständig angepasst wird.

4. Imposter-Syndrom und Betrugsgefühle

Die Angst, als Betrüger entlarvt zu werden, wenn andere unsere Arbeit sehen, kann besonders bei talentierten Menschen stark ausgeprägt sein.

5. Antizipierte Enttäuschung

Die Befürchtung, dass die Reaktion auf unser Werk nicht den idealisierten Vorstellungen entsprechen wird, kann zur Vermeidung von Veröffentlichung führen.

Um der Schublade-Falle zu entkommen, kannst du folgende Strategien anwenden:

1. Etabliere ein persönliches Veröffentlichungsritual

Schaffe ein bewusstes Ritual für den Akt des Veröffentlichens, um den emotionalen Übergang zu markieren. Beispiele:
- Ein bestimmtes Lied abspielen
- Eine symbolische Handlung durchführen (z.B. einen Stein ins Wasser werfen)
- Ein physisches Objekt auf deinem Schreibtisch platzieren

2. Implementiere die 24-Stunden-Regel

Verpflichte dich, jedes abgeschlossene Projekt innerhalb von 24 Stunden nach Fertigstellung zu veröffentlichen oder einzureichen - ohne weitere Überarbeitungen.

3. Schaffe externe Veröffentlichungsstrukturen
    - Tritt einer Gruppe bei, die regelmäßige Veröffentlichungen erfordert
        - Vereinbare Abgabetermine mit Kooperationspartnern
        - Kündige Veröffentlichungsdaten öffentlich an
        - Zahle eine „Kaution" an einen Freund, die nur bei rechtzeitiger Veröffentlichung zurückerstattet wird

4. Kultiviere die „Veröffentlichen als Prozess"-Mentalität
    Betrachte Veröffentlichung nicht als endgültigen Abschluss, sondern als einen Schritt im kontinuierlichen Prozess des Schaffens und Wachsens. Dies mindert den Druck der Finalität.

5. Praktiziere die „Shitty First Launch"-Philosophie

Inspiriert vom Konzept des „Shitty First Draft": Akzeptiere, dass die erste Veröffentlichung nicht perfekt sein muss oder wird. Ihre Hauptfunktion ist, die Veröffentlichungsbarriere zu durchbrechen.

Jana, eine Fotografin, hatte Dutzende fertige Fotoserien auf ihrer Festplatte, die sie nie gezeigt hatte. Ihre Lösung:

„Ich erstellte einen ‚Veröffentlichungskalender' mit festen Terminen für jede Serie und teilte ihn mit meiner Mentoring-Gruppe. Zusätzlich führte ich ein Ritual ein: Vor jeder Veröffentlichung zünde ich eine spezielle Kerze an, die mich daran erinnert, dass das Teilen meiner Arbeit ein Geschenk ist, nicht eine Bedrohung. Diese Kombination aus externer Struktur und symbolischem Ritual half mir, den Kreis des endlosen Aufschubs zu durchbrechen."

Der schrittweise Veröffentlichungsprozess

Die Veröffentlichung muss kein plötzlicher, angstbesetzter Sprung sein. Ein gradueller, methodischer Ansatz kann die emotionale Belastung reduzieren und die Qualität des Endprodukts verbessern.

Der schrittweise Veröffentlichungsprozess besteht aus fünf Phasen, die systematisch die Exposition und das Feedback erhöhen:

Phase 1: Die geschützte Veröffentlichung
- Teile dein Werk mit 1-3 wohlwollenden, vertrauten Personen
- Bitte um spezifisches, konstruktives Feedback zu 2-3 konkreten Aspekten
- Fokussiere auf Verständlichkeit und grundlegende Wirkung
- Verarbeite das Feedback emotional und inhaltlich

Diese erste Phase schafft einen sicheren Raum für die initiale Exposition und hilft, grundlegende Probleme zu identifizieren.

Phase 2: Die gezielte Fachveröffentlichung

- Erweitere auf 3-5 Personen mit relevanter Fachexpertise
- Bitte um tiefergehendes, spezifischeres Feedback
- Fokussiere auf inhaltliche Qualität und fachliche Korrektheit
- Nimm wesentliche Anpassungen vor, wenn nötig

In dieser Phase geht es darum, dein Werk fachlich zu stärken und blinde Flecken zu entdecken.

Phase 3: Die Pilotveröffentlichung

- Teile dein Werk mit einer kleinen Gruppe von 10-20 Personen, die deiner Zielgruppe entsprechen

- Sammle systematisches Feedback zu Wirkung, Verständlichkeit und Nutzwert
- Fokussiere auf die Kernbotschaft und Hauptfunktionalität
- Nimm letzte wesentliche Anpassungen vor

Die Pilotphase testet dein Werk unter realistischeren Bedingungen, aber noch mit begrenztem Risiko.

Phase 4: Die Soft-Launch-Veröffentlichung
- Veröffentliche in einem breiteren, aber noch geschützten Rahmen (z.B. einer wohlwollenden Community)
- Beobachte natürliche Reaktionen ohne explizite Feedback-Aufforderung
- Fokussiere auf Nutzungsverhalten und spontane Rückmeldungen
- Nimm nur noch Feinjustierungen vor

Der Soft Launch simuliert die echte Veröffentlichung, bietet aber noch einen gewissen Schutzraum.

Phase 5: Die vollständige Veröffentlichung
  - Bringe dein Werk in die vorgesehene öffentliche Sphäre
  - Implementiere eine klare Kommunikationsstrategie
  - Etabliere Mechanismen zum Sammeln von Feedback
  - Beginne bereits, über iterative Verbesserungen oder Folgeprojekte nachzudenken

Die vollständige Veröffentlichung ist nicht das Ende, sondern der Beginn eines neuen Zyklus.

Dieser schrittweise Prozess bietet mehrere Vorteile:
  - Reduzierte emotionale Belastung durch graduelle Exposition

- Verbesserte Qualität durch mehrere Feedback-Schleifen

- Gesteigerte Sicherheit durch frühzeitige Problemidentifikation

- Erhöhtes Vertrauen durch zunehmende positive Erfahrungen

- Mentale Vorbereitung auf breitere Öffentlichkeit

Robert, ein Unternehmer, nutzte diesen Ansatz für die Einführung seines ersten digitalen Produkts:

„Statt den üblichen ‚großen Launch' zu planen, der mir schlaflose Nächte bereitete, teilte ich mein Produkt zuerst mit drei Freunden, dann mit fünf Branchenexperten, dann mit einer geschlossenen Gruppe von 15 Beta-Testern, dann in einer privaten Online-Community mit etwa 200 Mitgliedern. Erst danach ging ich an die breite Öffentlichkeit. Dieser graduelle Prozess gab mir nicht nur wertvolles Feedback zur Produktverbesserung, sondern half mir auch, meine Angst vor negativen Reaktionen schrittweise zu überwinden.“

Für die erfolgreiche Implementierung des schrittweisen Veröffentlichungsprozesses:
- Plane die Phasen zeitlich im Voraus
- Definiere klare Kriterien für den Übergang zur nächsten Phase
- Dokumentiere das Feedback jeder Phase systematisch
- Unterscheide zwischen wesentlichem und unwesentlichem Feedback
- Halte die Balance zwischen Anpassungsbereitschaft und Vision

Von der Selbstsabotage zur Selbstunterstützung: Mentale Modelle für die Veröffentlichung

Unsere mentalen Modelle – die Grundannahmen und Überzeugungen, mit denen wir Situationen interpretieren – beeinflussen maßgeblich, ob wir unsere Arbeit veröffentlichen oder zurückhalten.

Der Wechsel von hinderlichen zu förderlichen mentalen Modellen kann transformativ wirken.

Hier sind die häufigsten hinderlichen mentalen Modelle in Bezug auf Veröffentlichung und ihre konstruktiven Alternativen:

1. Vom „Alles oder Nichts"-Denken zum „Schritt für Schritt"-Denken
    - Hinderliches Modell: „Meine Arbeit muss entweder perfekt sein oder ist ein völliger Fehlschlag."
    - Förderliches Modell: „Jede Veröffentlichung ist ein Schritt in meiner Entwicklung. Version 1.0 ist der Beginn, nicht das Ende."

2. Von „Urteil und Bewertung" zu „Daten und Lernen"
    - Hinderliches Modell: „Feedback ist ein Urteil über meinen Wert als Person/Fachkraft."

- Förderliches Modell: „Feedback liefert wertvolle Daten, die mir helfen, mich zu verbessern und zu wachsen."

3. Von „Finalität" zu „Iteration"
- Hinderliches Modell: „Veröffentlichung ist das endgültige Statement, ein Punkt ohne Wiederkehr."
- Förderliches Modell: „Veröffentlichung ist ein Moment in einem kontinuierlichen Prozess des Schaffens und Verbesserns."

4. Von „Selbstschutz" zu „Wertschöpfung"
- Hinderliches Modell: „Hauptziel ist, mich vor Kritik und Ablehnung zu schützen."
- Förderliches Modell: „Hauptziel ist, Wert für andere zu schaffen und einen Beitrag zu leisten."

5. Von „Entweder perfekt oder wertlos" zu „Gute genug für jetzt"
- Hinderliches Modell: „Wenn es nicht das bestmögliche Ergebnis ist, ist es wertlos."

- Förderliches Modell: „Es muss nicht perfekt sein, sondern gut genug, um Wert zu bieten und mir Lernen zu ermöglichen."

Die Transformation dieser mentalen Modelle erfordert bewusste Praxis. Hier sind Techniken zur Veränderung deiner Denkweise:

1. Identifiziere deine aktuellen mentalen Modelle
   Führe ein Gedankenprotokoll: Notiere deine automatischen Gedanken vor Veröffentlichungen. Welche Muster erkennst du?

2. Entwickle bewusste Gegennarrative
   Formuliere alternative Interpretationen und Überzeugungen, die förderlicher sind. Schreibe sie auf und wiederhole sie regelmäßig.

3. Praktiziere kognitive Umstrukturierung
   Wenn ein hinderlicher Gedanke auftaucht („Wenn ich das veröffentliche, werden alle

denken, ich bin inkompetent"), fordere ihn aktiv heraus:

- Welche Beweise habe ich für diesen Gedanken?
- Welche Beweise sprechen dagegen?
- Wie würde ich einem Freund mit demselben Gedanken antworten?
- Was wäre eine realistischere Perspektive?

4. Umgebe dich mit förderlichen Rollenmodellen

Suche bewusst den Kontakt zu Menschen, die gesunde mentale Modelle zur Veröffentlichung verkörpern.

5. Praktiziere „Als ob"-Verhalten

Handle, als ob du bereits das förderliche mentale Modell verinnerlicht hättest. Verhalten kann Einstellungen verändern.

Sophia, eine Webdesignerin, transformierte ihr mentales Modell von „Mein Design muss perfekt sein, bevor ich es zeigen kann" zu „Jedes geteilte

Design ist ein wertvoller Schritt in meinem Lernprozess". Ihre Strategie:

„Ich begann, jedes Projekt bewusst als ‚Version 1.0' zu bezeichnen – sowohl gegenüber Kunden als auch in meinem eigenen Denken. Diese simple Umbenennung veränderte alles. Sie gab mir die Erlaubnis, Arbeit zu zeigen, die ‚gut genug für jetzt' war, mit dem Verständnis, dass Verbesserung ein kontinuierlicher Prozess ist. Ich führte auch ein tägliches Ritual ein, bei dem ich drei Minuten lang in meinem Journal alternative Perspektiven zu meinen Ängsten notierte. Nach drei Monaten stellte ich fest, dass meine Veröffentlichungsrate sich verdreifacht hatte – und interessanterweise auch die Zufriedenheit meiner Kunden."

Fazit: Das Veröffentlichungsparadoxon meistern

Die Überwindung der Angst vor Kritik und Veröffentlichung stellt ein faszinierendes Paradoxon dar: Der Akt des Veröffentlichens, der uns am meisten ängstigt, ist gleichzeitig jener, der uns am stärksten wachsen lässt. Jede Veröffentlichung ist nicht nur ein abgeschlossenes Projekt, sondern eine wertvolle Lernerfahrung, die unsere Fähigkeiten und unser Selbstvertrauen stärkt.

Die Kernerkenntnisse dieses Kapitels:

- Perfektionismus ist keine Qualitätsstrategie, sondern eine Schutzstrategie, die Wachstum verhindert

- Kritik-Sensitivität kann durch systematische Desensibilisierungsübungen reduziert werden

- Die „Schublade-Falle" entsteht aus tieferen psychologischen Ängsten, kann aber mit gezielten Strategien überwunden werden

- Der schrittweise Veröffentlichungsprozess reduziert Ängste durch graduelle Exposition

- Förderliche mentale Modelle können hinderliche Überzeugungen ersetzen und Veröffentlichung erleichtern

Im nächsten Kapitel werden wir uns einem zentralen Aspekt eines starken Willens widmen: der Fähigkeit, Grenzen zu setzen - eine Fertigkeit, die entscheidend ist, um unsere Zeit, Energie und Aufmerksamkeit auf unsere wichtigsten Ziele zu konzentrieren.

Reflexionsfragen zum Kapitel:

1. Welche Anzeichen von toxischem Perfektionismus erkennst du in deinem eigenen Verhalten?

2. Welche „fertigen" Projekte hältst du derzeit in der „Schublade" zurück, und was hindert dich konkret daran, sie zu veröffentlichen?

3. Welche der Kritik-Desensibilisierungsübungen erscheint dir für deine persönliche Situation am relevantesten?

4. Wie könntest du den schrittweisen Veröffentlichungsprozess auf ein aktuelles Projekt anwenden?

5. Welches hinderliche mentale Modell erkennst du bei dir selbst, und wie könntest du es in ein förderliches transformieren?

Grenzen setzen - Der Schlüssel zur Selbstbestimmung

Ein starker Wille manifestiert sich nicht nur in der Fähigkeit, Dinge zu beginnen und durchzuhalten, sondern auch in der Kraft, „Nein" zu sagen. In einer Welt endloser Anforderungen ist die Fähigkeit, Grenzen zu setzen, entscheidend für die Kontrolle über dein Leben.

Warum falsch verstandene Rücksichtnahme uns schadet

Viele Menschen mit grundsätzlich starkem Willen scheitern an ihren Zielen, weil sie unfähig sind, andere Personen und deren Anforderungen zu begrenzen. Diese „Krankheit zu gefallen" hat tiefe psychologische Wurzeln:

1. Verwechslung von Selbstwert und Zustimmung

Wenn wir unseren Wert an die Anerkennung durch andere knüpfen, wird das „Ja-Sagen" zur Überlebensstrategie für unser Selbstwertgefühl.

2. Angst vor Ablehnung

Menschen sind soziale Wesen; die Angst vor sozialer Ausgrenzung sitzt tief in unserer evolutionären Programmierung.

3. Verzerrte Verantwortungswahrnehmung

Die Überzeugung, für die Gefühle anderer verantwortlich zu sein, führt zu übermäßiger Anpassung.

4. Missverstandene Großzügigkeit

Viele verwechseln Grenzenlosigkeit mit Großzügigkeit und Hilfsbereitschaft.

Diese falsch verstandene Rücksichtnahme schädigt auf mehreren Ebenen:

- Ressourcenerschöpfung: Zeit, Energie und Aufmerksamkeit werden von eigenen Prioritäten abgezogen.

- Identitätsverlust: Wer ständig fremde Bedürfnisse erfüllt, verliert den Kontakt zu eigenen Wünschen.

- Ressentiments: Unterdrückte Grenzen führen zu unterschwelligem Groll gegen andere.

- Respektverlust: Paradoxerweise verlieren grenzenlose Menschen oft den Respekt ihrer Umgebung.

Sarah, eine Projektmanagerin, erkannte, dass ihre „Hilfsbereitschaft" sie sabotierte. Ihre Lösung:

„Ich begann, zwischen echtem Helfen und selbstschädigendem Ja-Sagen zu unterscheiden. Echtes Helfen fühlt sich nach dem Tun energetisierend an; selbstschädigendes Ja-Sagen hinterlässt ein Gefühl des Ausgelaugtseins und Grolls."

Um falsch verstandene Rücksichtnahme zu überwinden:

1. Unterscheide zwischen Verantwortung und Fürsorge

Du kannst für andere fürsorglich sein, ohne für ihre Gefühle verantwortlich zu sein.

2. Erkenne den Unterschied zwischen Selbstlosigkeit und Selbstaufgabe

Wahre Selbstlosigkeit erfordert ein stabiles Selbst, das bewusste Entscheidungen trifft.

3. Praktiziere Perspektivwechsel

Frage dich: „Würde ich von einem geschätzten Freund erwarten, was ich gerade für andere tue?"

4. Entwickle ein Ressourcenbewusstsein

Verstehe deine Zeit und Energie als begrenzte Ressourcen, die bewusst investiert werden müssen.

Praktische Kommunikationstechniken für klare Grenzen

Grenzen zu haben ist der erste Schritt; sie klar und respektvoll zu kommunizieren der zweite. Effektive Grenzkommunikation erfordert spezifische Fähigkeiten, die erlernbar sind.

1. Die Sandwich-Technik

Diese klassische Methode bettet eine Grenze zwischen zwei positiven Aussagen ein:

- Positive Aussage: „Ich schätze deine Einladung sehr..."

- Grenze: „...leider kann ich nicht teilnehmen..."

- Positive Aussage: „...und würde mich freuen, ein andermal dabei zu sein."

Diese Technik bewahrt die Beziehung, während sie klare Grenzen setzt.

2. Die Drei-Teile-Formel

Eine strukturierte Methode für komplexere Grenzsituationen:

- Beobachtung: „Ich bemerke, dass du mich oft kurzfristig um Hilfe bei Projekten bittest..."

- Gefühl/Auswirkung: „...dadurch gerate ich unter Druck und meine eigene Arbeit leidet..."

- Wunsch/Grenze: „...deshalb bitte ich dich, Anfragen mindestens drei Tage im Voraus zu stellen."

Diese Formel vermeidet Schuldzuweisungen und fokussiert auf konkrete Lösungen.

3. Die Verzögerte Antwort

Bei Anfragen nicht sofort antworten, sondern:

- „Danke für die Anfrage. Ich werde das prüfen und dir bis morgen Bescheid geben."

- „Das klingt interessant. Ich muss in meinen Kalender schauen und melde mich heute Nachmittag."

Diese Technik durchbricht den automatischen Ja-Reflex und schafft Raum für bewusste Entscheidungen.

4. Grenzen ohne Rechtfertigung

Viele Menschen schwächen ihre Grenzen durch übermäßige Rechtfertigungen:

- Schwach: „Es tut mir so leid, aber ich kann am Freitag wirklich nicht helfen, weil mein Kind krank ist und ich außerdem einen wichtigen Termin habe und meine Mutter auch noch zu Besuch kommt..."

- Stark: „Leider kann ich am Freitag nicht unterstützen."

Die Kunst liegt darin, höflich zu bleiben ohne sich zu rechtfertigen.

5. Die Alternativen-Strategie

Bei wichtigen Beziehungen hilft es, Alternativen anzubieten:

- „Ich kann dir am Donnerstag nicht helfen, aber ich könnte am Montag zwei Stunden einplanen."

- „Dieses Projekt kann ich nicht übernehmen, aber ich könnte dich mit Simone bekannt machen, die Expertin auf diesem Gebiet ist."

Dies zeigt Wertschätzung für die Beziehung, während du deine Grenzen wahrst.

Andreas, ein IT-Berater, implementierte die verzögerte Antwort konsequent:

„Früher sagte ich automatisch zu jeder Anfrage ‚ja', nur um später überfordert zu sein. Jetzt antworte ich standardmäßig: ‚Ich prüfe meinen Zeitplan und melde mich morgen.' Diese 24 Stunden geben mir Raum, meine tatsächlichen Kapazitäten zu evaluieren und manchmal festzustellen, dass ich eigentlich ‚nein' sagen sollte."

Für besonders herausfordernde Grenzsituationen:

- Probe im Voraus: Übe schwierige Grenz-kommunikation mit einem Freund oder vor dem Spiegel.

- Nutze Schriftform: Bei emotionalen Themen kann eine schriftliche Mitteilung mehr Klarheit bieten.

- Halte die Grenze: Sei vorbereitet, die Grenze mehrfach zu wiederholen („kaputte Schall-platte"-Technik).

- Respektiere deine Gefühle: Unbehagen beim Grenzen-Setzen ist normal und kein Zeichen, dass die Grenze unangemessen ist.

Der „Nein-Muskel": Wie du ihn trainierst

Die Fähigkeit, „Nein" zu sagen, ist wie ein Muskel – sie stärkt sich durch regelmäßiges Trai-ning. Systematisches Nein-Training kann selbst die tief verwurzelte Menschen-gefallen-wollen-Tendenz überwinden.

Der „Nein-Muskel" wird durch ein graduelles Trainingsprogramm entwickelt:

1. Phase 1: Das kleine Nein (Woche 1-2)

Beginne mit niedrigschwelligen „Neins" in unkritischen Situationen:

- Ablehnen einer zusätzlichen Beilage im Restaurant

- Nicht aufstehen, wenn während eines Films das Telefon klingelt

- Eine kleine Zusatzaufgabe ablehnen, die kaum Konsequenzen hat

Ziel: Die grundlegende Erfahrung machen, dass ein „Nein" nicht zur sozialen Katastrophe führt.

2. Phase 2: Das mittlere Nein (Woche 3-4)

Steigere die Bedeutsamkeit deiner „Neins":

- Eine Einladung zu einer Veranstaltung ablehnen, die dich nicht interessiert

- Eine zusätzliche Aufgabe ablehnen, die merklichen Zeitaufwand bedeuten würde

- Einen Vorschlag zurückweisen und einen Gegenvorschlag machen

Ziel: Erleben, dass auch bedeutsamere „Neins" meist respektiert werden.

3. Phase 3: Das große Nein (Woche 5-6)

Setze Grenzen in wichtigen Situationen:

- Eine große Bitte eines geschätzten Kollegen ablehnen

- Ein Projekt zurückweisen, das deinen Werten nicht entspricht

- Langfristige Grenzen in wichtigen Beziehungen etablieren

Ziel: Die Fähigkeit entwickeln, auch bei starkem sozialen Druck Grenzen zu setzen.

4. Phase 4: Das proaktive Nein (Woche 7-8)

Setze Grenzen, bevor die Situation entsteht:

- Kommuniziere vorab deine Verfügbarkeitszeiten

- Definiere klare Regeln für Arbeitsanfragen

- Etabliere systemische Grenzen (z.B. keine E-Mails nach 19 Uhr checken)

Ziel: Von reaktivem zu proaktivem Grenzmanagement übergehen.

Begleite dieses Training mit diesen flankierenden Übungen:

1. Das Nein-Tagebuch

Dokumentiere täglich:

- Situationen, in denen du „Nein" gesagt hast

- Deine Gefühle vor, während und nach dem „Nein"

- Die tatsächlichen (meist geringen) Konsequenzen

- Was du aus der Situation gelernt hast

2. Die Verzögerungstechnik

Trainiere den Automatismus, auf Anfragen mit „Ich überlege es mir und gebe dir morgen Bescheid" zu antworten, statt sofort „Ja" zu sagen.

3. Das Werte-Alignment

Prüfe Anfragen gegen deine Kernwerte:

- „Unterstützt diese Anfrage meine wichtigsten Lebensziele?"

- „Steht diese Aktivität im Einklang mit meinen Prioritäten?"

- „Würde ich in einem Jahr froh sein, hierfür Zeit investiert zu haben?"

4. Die Ressourcen-Visualisierung

Visualisiere deine Energie, Zeit und Aufmerksamkeit als begrenzte Ressourcen in Form eines Kuchens oder Behälters. Frage dich bei jeder Anfrage: „Wie viel meines begrenzten ‚Kuchens' würde dies beanspruchen?"

Martina, eine Lehrerin, entwickelte ihren „Nein-Muskel" systematisch:

„Ich begann mit kleinen Übungen – etwa dem Ablehnen eines zusätzlichen Kuchenstücks oder einer nebensächlichen Aufgabe im Lehrerzimmer. Nach einem Monat konnte ich auch größere Bitten ablehnen, wie die Übernahme zusätzlicher Komitee-Arbeit. Das Wichtigste war die Erkenntnis, dass die meisten Menschen mein ‚Nein' ohne dramatische Reaktion akzeptierten. Heute kann ich meine Grenzen klar kommunizieren, ohne stundenlang darüber zu grübeln oder mich schuldig zu fühlen."

Mit dem schlechten Gewissen umgehen

Selbst bei gerechtfertigten Grenzen kämpfen viele Menschen mit Schuldgefühlen. Diese emotionale Reaktion kann sabotierend wirken und uns zurück in alte Muster treiben.

Das schlechte Gewissen beim Grenzen-Setzen hat verschiedene Ursachen:

1. Kulturelle Konditionierung

Besonders Frauen werden oft erzogen, die Bedürfnisse anderer über die eigenen zu stellen.

2. Frühe Prägungen

Kindheitserfahrungen, in denen eigene Grenzen nicht respektiert wurden, hinterlassen emotionale Spuren.

3. Kognitive Verzerrungen

Überschätzung der negativen Konsequenzen eines „Neins" und Unterschätzung der langfristigen Kosten eines „Ja".

4. Identitätsverknüpfung

Wenn Hilfsbereitschaft ein Kernbestandteil unseres Selbstbildes ist, kann ein „Nein" wie eine Identitätsbedrohung wirken.

Strategien zum Umgang mit Schuldgefühlen:

1. Emotionale Validierung mit rationaler Korrektur

Erkenne das Gefühl an, korrigiere aber die Interpretation:

- „Ich fühle mich schuldig, weil ich diese Anfrage abgelehnt habe. Das ist eine verständliche emotionale Reaktion, bedeutet aber nicht, dass ich tatsächlich etwas falsch gemacht habe."

2. Die Schuldgefühl-Exposition

Setze dich dem Schuldgefühl bewusst aus, ohne zu handeln:

- Spüre das Schuldgefühl vollständig ohne Ablenkung

- Beobachte, wie es an Intensität zu- und wieder abnimmt

- Erkenne, dass Schuldgefühle kommen und gehen, ohne dass du ihnen nachgeben musst

3. Die Perspektivumkehr

Stelle dir vor, ein Freund hätte die gleiche Grenze gesetzt:

- Würdest du finden, dass er egoistisch handelt?

- Welchen Rat würdest du ihm geben?

- Warum gelten für dich strengere Standards als für andere?

4. Die Langzeitperspektive

Betrachte die Situation aus zeitlicher Distanz:

- „Wie werde ich in einem Jahr über diese Entscheidung denken?"

- „Welche langfristigen Konsequenzen hätte es, diese Grenze nicht zu setzen?"

- „Was würde mein 80-jähriges Selbst mir raten?"

5. Das Schuldgefühl-Journaling

Führe ein strukturiertes Tagebuch zu deinen Schuldgefühlen:

- Situation: Was löste das Schuldgefühl aus?

- Intensität: Wie stark ist das Gefühl auf einer Skala von 1-10?

- Gedanken: Welche Gedanken begleiten das Schuldgefühl?

- Alternative Perspektive: Welche andere Sichtweise wäre möglich?

- Lernen: Was kann ich aus dieser Episode lernen?

Karla, eine Teamleiterin, kämpfte mit starken Schuldgefühlen, wenn sie Anfragen ablehnte:

„Mein Durchbruch kam, als ich begann, meine Schuldgefühle zu ‚sitzen'. Statt sofort nachzugeben, setzte ich mich für zehn Minuten hin, spürte das Schuldgefühl vollständig und beobachtete, wie es seinen Höhepunkt erreichte und dann abnahm. Nach etwa einem Dutzend solcher Übungen erkannte ich: Das Schuldgefühl war nur ein vorübergehendes Unbehagen, kein zuverlässiger moralischer Kompass. Heute kann ich ein gesundes ‚Nein' sagen und das kurzfristige Unbehagen als Teil des Prozesses akzeptieren."

Systemische Grenzen: Vom reaktiven zum proaktiven Grenzmanagement

Die höchste Stufe des Grenzmanagements ist die Etablierung systemischer Grenzen – Strukturen und Prozesse, die deine Grenzen automatisch schützen, ohne ständige bewusste Entscheidungen zu erfordern.

Systemische Grenzen unterscheiden sich von reaktiven Grenzen:
- Reaktive Grenzen: Du reagierst auf Anfragen von Fall zu Fall
- Systemische Grenzen: Du etablierst vorab Regeln und Strukturen, die deine Ressourcen schützen

Bereiche für systemische Grenzen:

1. Zeitliche Grenzen

- Definierte „Bürozeiten" für bestimmte Aktivitäten

- Kommunizierte Nichtverfügbarkeitszeiten

- Festgelegte Zeiten für E-Mail- und Nachrichtenchecks

- Geblockte Fokuszeiten im Kalender

- Automatische E-Mail-Antworten mit Reaktionszeiten

2. Raumbezogene Grenzen

- Designierte Räume für bestimmte Aktivitäten

- „Bitte nicht stören"-Signale für Konzentrationsphasen

- Physische Barrieren zwischen Arbeits- und Privatleben

- Technologiefreie Zonen für Erholung und Beziehungspflege

3. Digitale Grenzen

- Benachrichtigungsmanagement für alle Geräte

- Automatische Bildschirmzeitbegrenzungen
- E-Mail-Filter und Weiterleitungsregeln
- Definierte Offline-Zeiten
- Separation von Arbeits- und privaten Accounts

4. Soziale Grenzen
- Klare Kommunikation über Erwartungen und Rollen
- Standardisierte Antworten auf häufige Anfragen
- Delegation von bestimmten Anfragentypen
- Vereinbarte „Auszeiten" in wichtigen Beziehungen
- Etablierte „Gatekeeper" für Anfragen (z.B. Assistenten)

5. Mentale Grenzen
- Bewusst definierte Tätigkeitsbereiche für verschiedene Lebenssphären
- „Mentale Schließfächer" für abgegrenzte Themen

- Ritualisierte Übergänge zwischen Lebensrollen

- Meditation und Achtsamkeitspraktiken zur Grenzsetzung gegenüber inneren Ablenkungen

Thomas, ein Unternehmensberater, etablierte ein systematisches Grenzmanagement:

„Nach Jahren der ständigen Verfügbarkeit schuf ich ein klares System: E-Mails werden dreimal täglich zu festgelegten Zeiten gecheckt, Kundenanfragen erhalten innerhalb von 24 Stunden eine erste Antwort, Montag und Mittwoch sind meeting-freie Tage für fokussierte Arbeit, und von Freitag 18 Uhr bis Montag 8 Uhr ist streng arbeitsfrei. Ich kommunizierte dieses System klar an Kunden und Kollegen, ohne Ausnahmen. Das Erstaunliche: Meine Produktivität und Kundenzufriedenheit stiegen, während mein Stresslevel deutlich sank."

Für die Implementation systemischer Grenzen:

1. Beginne mit einer Grenzkartierung

Identifiziere systematisch Bereiche, in denen du regelmäßig Grenzverletzungen erlebst.

2. Entwickle standardisierte Lösungen

Entwirf wiederholbare Prozesse statt Einzelfalllösungen.

3. Kommuniziere proaktiv

Informiere andere über deine Systeme, bevor Situationen auftreten.

4. Automatisiere wo möglich

Nutze technologische Hilfsmittel zur Durchsetzung von Grenzen.

5. Evaluiere und optimiere

Überprüfe regelmäßig, wie gut deine systemischen Grenzen funktionieren.

Fazit: Grenzen als Fundament eines selbstbestimmten Lebens

Starke, gesunde Grenzen sind kein Hindernis für Verbindung und Engagement, sondern deren Voraussetzung. Nur wer bewusst entscheidet, wann und wo er seine Ressourcen einsetzt, kann wahrhaft großzügig sein, ohne sich selbst zu erschöpfen.

Die Fähigkeit, Grenzen zu setzen, steht in direkter Verbindung zu deiner Willenskraft: Sie schützt die mentale Energie, die du für deine wichtigsten Ziele benötigst, und verhindert die Ablenkung und Überlastung, die einen starken Willen untergraben können.

Die Kernerkenntnisse dieses Kapitels:

- Falsch verstandene Rücksichtnahme schädigt sowohl dich als auch deine Beziehungen

- Effektive Grenzkommunikation ist eine erlernbare Fertigkeit

- Der „Nein-Muskel" kann systematisch trainiert werden

- Schuldgefühle beim Grenzen-Setzen können bewusst bewältigt werden

- Systemische Grenzen ermöglichen den Übergang von reaktivem zu proaktivem Grenzmanagement

Im nächsten Kapitel werden wir erkunden, wie du deine Energie – die fundamentale Ressource hinter jeder Willensanstrengung – bewusst managen kannst, um langfristig handlungsfähig zu bleiben.

Reflexionsfragen zum Kapitel:

1. In welchen Lebensbereichen fällt es dir am schwersten, Grenzen zu setzen?

2. Welche der vorgestellten Kommunikationstechniken entspricht am ehesten deinem natürlichen Stil?

3. Wie könntest du den „Nein-Muskel"-Trainingsplan an deine spezifische Situation anpassen?

4. Welche systemischen Grenzen könntest du in deinem Leben etablieren, um deine wichtigsten Ressourcen zu schützen?

5. Welche Überzeugungen oder frühen Prägungen könnten deine Fähigkeit zum Grenzen-Setzen beeinflussen?

Die Energie-Buchhaltung eines starken Willens

Willenskraft ist nicht unerschöpflich. Sie funktioniert eher wie ein Akku, der regelmäßig aufgeladen werden muss. In diesem Kapitel lernst du, wie du deine mentale Energie klug verwaltest, um nachhaltig handlungsfähig zu bleiben.

Willenskraft als begrenzte Ressource verstehen und managen

Die Ego-Depletion-Theorie, begründet durch den Psychologen Roy Baumeister, zeigt: Jede Willensanstrengung verbraucht mentale Energie aus einem begrenzten Reservoir. Verschiedenste Aktivitäten zehren an diesem Reservoir:

- Impulskontrolle (Versuchungen widerstehen)
- Entscheidungsfindung (besonders bei komplexen Entscheidungen)
- Aufmerksamkeitsfokussierung (Konzentration bei Ablenkungen)
- Emotionsregulation (Gefühle kontrollieren)
- Soziale Anpassung (bestimmte Verhaltensweisen unterdrücken)

Stell dir deine Willenskraft als tägliches Budget vor. Jede selbstregulierende Handlung kostet „Willenskraft-Euro" – ohne bewusstes Management ist das Budget oft schon am Vormittag erschöpft.

Drei Kernstrategien zum Management dieser Ressource:

1. Strategische Allokation: Investiere Willenskraft primär in wichtige Aktivitäten. Nutze die morgendliche Frische für Prioritäten und verschiebe willensintensive Aufgaben nicht auf den Nachmittag.

2. Regeneration: Plane bewusste Erholungsphasen. Kurze Pausen, leichte körperliche Aktivität und positive soziale Interaktionen helfen, das Willensreservoir aufzufüllen.

3. Minimierung unnötiger Ausgaben: Reduziere „Willenskraft-Lecks" wie ständige Entscheidungen, permanente Verfügbarkeit und ununterbrochene Aufmerksamkeitswechsel.

Markus, ein Produktmanager, implementierte ein persönliches Willenskraft-Budget:

„Ich visualisiere jeden Morgen ein Konto mit 100 ‚Willenskraft-Punkten'. Wichtige kreative Projekte bekommen 50 Punkte, zugeteilt in den ersten Morgenstunden. Meetings und Entscheidungen erhalten 30 Punkte im mittleren Tagesverlauf. 20 Punkte bleiben als Reserve für Unerwartetes. Diese einfache Methode verhindert, dass ich meine Willenskraft auf Nebensächlichkeiten verschwende."

Auch das physische Umfeld beeinflusst deine Willenskraft-Ausgaben:

- Unordnung erhöht den kognitiven Aufwand
- Sichtbare Versuchungen erfordern ständige Impulskontrolle
- Lärm und Unterbrechungen fordern kontinuierliche Refokussierung

Um dein Willenskraft-Budget zu schonen, gestalte deine Umgebung so, dass sie weniger Selbstkontrolle erfordert.

Praktische Energiemanagement-Techniken

Willenskraft gezielt zu managen bedeutet, zwischen Energieverbrauch und -regeneration zu balancieren. Folgende Techniken sind besonders wirksam:

1. Das Ultradian Rhythmus-Management

Unser Gehirn arbeitet in natürlichen 90-120-Minuten-Zyklen mit anschließenden Erholungsphasen. Synchronisiere deine Arbeit mit diesen biologischen Rhythmen:

- Plane 90-Minuten-Fokusblöcke

- Lege 15-20-Minuten-Pausen zwischen den Blöcken ein

- Achte auf körperliche Signale für Erschöpfung (Konzentrationsverlust, Ruhelosigkeit)

2. Strategisches Pausen-Management

Nicht alle Pausen sind gleich effektiv. Optimiere deine Erholungsphasen:

- Mikro-Pausen (30 Sekunden - 2 Minuten): Tiefes Atmen, Dehnen, Blick in die Ferne
- Mini-Pausen (2-5 Minuten): Kurze Bewegung, Wasser trinken, mentale Entspannung
- Volle Pausen (15-30 Minuten): Natur, soziale Interaktion, leichte Bewegung

Mcide während Pausen digitale Geräte – sie regenerieren nicht wirklich.

3. Energiebilanz-Tracking
Führe für 1-2 Wochen ein „Energie-Tagebuch":
- Dokumentiere stündlich dein Energieniveau (1-10)
- Notiere parallel deine Aktivitäten
- Identifiziere Muster: Was gibt Energie? Was entzieht sie?
- Erkenne deine persönlichen „Primetime"-Stunden

4. Task-Energy-Mapping

Ordne Aufgaben nach ihrem Energieanforderungsprofil:

- Hochenergie-Aufgaben: Kreative Arbeit, komplexe Analyse, schwierige Gespräche
- Mittelenergie-Aufgaben: Routinemeetings, strukturierte Problemlösung, Planungsarbeit
- Niederenergie-Aufgaben: Administrative Tätigkeiten, einfache Korrespondenz, Aufräumen

Stimme diese Profile mit deinen täglichen Energiekurven ab.

5. Die Energiequellen-Strategie

Identifiziere, welche Aktivitäten spezifisch deine Energie steigern:

- Körperliche Energiequellen: Bewegung, Natur, Nahrung, Hydration, Atmung
- Emotionale Energiequellen: Dankbarkeit, Verbindung, Freude, Erfolgsmomente
- Mentale Energiequellen: Inspiration, Lernen, Flow-Zustände, Klarheit

- Spirituelle Energiequellen: Sinnhaftigkeit, Werte-Alignment, Meditation

Integriere diese aktiv in deinen Tagesablauf als „Energie-Investitionen".

Sarah, eine Anwältin, transformierte ihre Produktivität durch das Ultradian-Management:

„Früher arbeitete ich pausenlos durch, bis ich erschöpft war. Jetzt strukturiere ich meinen Tag in 90-Minuten-Blöcken mit echten Pausen dazwischen. In den Hochenergie-Phasen bearbeite ich komplexe Rechtsfälle, während Verwaltungsaufgaben in Niederenergie-Zeiten erledigt werden. Meine Gesamtleistung ist gestiegen, obwohl ich faktisch weniger Stunden arbeite."

Für besonders herausfordernde Phasen:

- Energetische Erste Hilfe: Identifiziere 2-3 schnelle Energieauffrischungstechniken (5 Minuten Treppensteigen, Kaltdusche, Power-Nap), die du bei akuter Erschöpfung einsetzen kannst.

- Energiebudget-Notfallplan: Entwickle einen Plan für Tage mit extremer Energieknappheit, der die absoluten Kernaufgaben sichert und alles andere delegiert oder verschiebt.

Die Rolle von Schlaf, Ernährung und Bewegung

Die physiologischen Grundlagen deiner Willenskraft sind ebenso wichtig wie die psychologischen Aspekte. Drei Faktoren sind besonders entscheidend:

1. Schlaf als Willenskraft-Regenerator

Schlafmangel beeinträchtigt direkt die präfrontale Hirnrinde – jenen Bereich, der für Selbstkontrolle und Willenskraft zuständig ist. Studien zeigen: Schon eine Nacht mit 6 statt 8 Stunden

Schlaf reduziert die kognitive Leistungsfähigkeit um bis zu 25%.

Optimierungsstrategien:

- Priorisiere 7-8 Stunden qualitativ hochwertigen Schlaf
- Etabliere eine konsistente Schlafenszeit (auch am Wochenende)
- Schaffe ein Einschlafritual mit Technologieabstinenz
- Optimiere deine Schlafumgebung (dunkel, kühl, ruhig)
- Nutze Kurz-Naps (10-20 Minuten) für Energieregulation

2. Ernährung für stabile Willenskraft

Willenskraft verbraucht Glukose im Gehirn. Eine unausgewogene Ernährung mit starken Blutzuckerschwankungen untergräbt die Selbstkontrolle.

Optimierungsstrategien:

- Vermeide längere Phasen ohne Nahrungs-aufnahme

- Setze auf komplexe Kohlenhydrate für stabile Energieversorgung

- Plane Mahlzeiten voraus, um impulsive Entscheidungen zu vermeiden

- Hydratisiere kontinuierlich (Dehydration reduziert kognitive Funktionen)

- Erkenne persönliche Nahrungsmittel, die deine Energie beeinflussen

3. Bewegung als Willenskraft-Verstärker

Regelmäßige Bewegung verbessert nicht nur die körperliche Fitness, sondern steigert auch direkt die Willenskraft durch:

- Erhöhte Dopamin- und Serotonin-Ausschüttung

- Verbesserte Gehirndurchblutung

- Reduziertes Stressniveau

- Gesteigerte BDNF-Produktion (ein Protein, das die Gehirnplastizität fördert)

Optimierungsstrategien:
- Integriere kurze Bewegungseinheiten (5-10 Minuten) über den Tag verteilt
- Nutze Körperbewegung als strategische Pause zwischen Fokusphasen
- Kombiniere aerobisches Training mit Kraftübungen für maximalen kognitiven Nutzen
- Wähle Bewegungsformen, die dir Freude bereiten, um Konsistenz zu fördern

Andreas, ein Unternehmensberater, entwickelte ein integriertes System:

„Ich hatte immer das Gefühl, dass Sport ‚Zeit stiehlt', bis ich erkannte, dass er tatsächlich Zeit gibt. Dreimal wöchentlich 30 Minuten moderates Training am Morgen, kombiniert mit proteinreichen, kohlenhydratkontrollierten Mahlzeiten und konsequenten 7,5 Stunden Schlaf, erhöhten meine tägliche Produktivität so stark, dass ich effektiv mehr Zeit gewann, als ich investierte."

Für eine integrierte Physiologie-Strategie:

1. Führe ein kombiniertes Tracking von Schlaf, Ernährung, Bewegung und Willenskraft/Produktivität für 14 Tage, um persönliche Korrelationen zu erkennen.

2. Erstelle einen „Minimalen Viablen Physio-Plan" – die einfachste Kombination von Schlaf-, Ernährungs- und Bewegungsgewohnheiten, die deine Willenskraft substanziell unterstützt.

3. Definiere Nicht-Verhandelbares – Aspekte deiner physiologischen Grundversorgung, die du selbst in stressigen Phasen nicht opferst.

Regenerationsstrategien für mentale Erschöpfung

Selbst mit optimaler Prävention wirst du Phasen mentaler Erschöpfung erleben. Die Kunst besteht darin, diese schnell und effektiv zu überwinden.

1. Kurzfristige Regenerationsstrategien (Stunden)

Für akute Willenskraft-Erschöpfung:

- Naturexposition: 15-20 Minuten in natürlicher Umgebung reduzieren nachweislich mentale Ermüdung

- Aufmerksamkeitswechsel: Aktivitäten, die völlig andere mentale Facetten beanspruchen als deine Haupttätigkeit

- Soziale Energieauffrischung: Kurze, positive soziale Interaktionen mit energetisierenden Menschen

- Körperliche Resets: Kaltes Wasser im Gesicht, Kontrastdusche, kurze intensive Bewegung

- Atemtechniken: 4-7-8 Atmung oder Box-Breathing aktivieren den parasympathischen Nervenmodus

2. Mittelfristige Regenerationsstrategien (Tage)

Für anhaltende Erschöpfungszustände:
- Digitale Detox-Perioden: 24-72 Stunden ohne digitale Kommunikation
- Natur-Immersion: Ausgedehnte Zeit in natürlichen Umgebungen
- Struktur-Regeneration: Temporäre Vereinfachung aller Lebensbereiche
- Kreatives Engagement: Absorbierende kreative Aktivitäten ohne Leistungsdruck
- Soziale Tiefenverbindung: Qualitätszeit mit emotional nährenden Beziehungen

3. Langfristige Regenerationsstrategien (Wochen)

Für tiefgreifende Erschöpfung oder Burnout-Prävention:
- Strategische Auszeiten: Geplante Wochen mit reduzierter Verantwortung

- Umgebungswechsel: Physische Distanz zu gewohnten Stressoren

- Tiefe Reflektion: Überprüfung und Neuausrichtung von Prioritäten und Werten

- Kompetenzerweiterung: Erlernen neuer Fähigkeiten zur Energieregulation

- Systemische Anpassungen: Fundamentale Änderungen in Arbeits- und Lebenssystemen

Maria, eine Führungskraft, entwickelte ein mehrstufiges Regenerationssystem:

„Nach einer Burnout-Erfahrung erkannte ich die Notwendigkeit systematischer Regeneration. Jetzt nutze ich täglich kurze ‚Energie-Resets' (5 Minuten Atemübungen jede zweite Stunde), wöchentliche ‚Tiefenregeneration' (handyfreie Sonntagnachmittage in der Natur) und vierteljährliche ‚Systemresets' (drei Tage Retreat mit Reflexion und Neuausrichtung). Dieses gestufte System hat nicht nur eine Wiederholung des Burnouts verhindert, sondern meine Leistungsfähigkeit auf ein neues Niveau gehoben."

Für besonders stressige Lebensphasen:

- Minimale Regenerationseinheiten: Definiere die absolut unverzichtbaren Regenerationsaktivitäten, die selbst in Krisenzeiten nicht verhandelbar sind.

- Regenerations-Erste-Hilfe-Kit: Stelle eine Liste von Sofortmaßnahmen zusammen, die du bei akuten Erschöpfungssymptomen anwenden kannst.

- Frühe Warnsignale: Identifiziere deine persönlichen frühen Anzeichen für Überbelastung, um rechtzeitig gegensteuern zu können.

Die Energie-Buchhaltung in der Praxis: Ein integrierter Ansatz

Um deine Willenskraft-Energie wirklich effektiv zu managen, brauchst du ein integriertes System, das Planung, Monitoring und Anpassung umfasst:

1. Die tägliche Energie-Planung

- Beginne jeden Tag mit einer kurzen Energieeinschätzung (1-10)

- Verteile Aufgaben entsprechend deinem aktuellen Energieniveau

- Plane bewusste Regenerationsphasen

- Setze Energieerhaltungsgrenzen (was du heute NICHT tun wirst)

2. Das wöchentliche Energie-Review

- Evaluiere Energiemuster der vergangenen Woche

- Identifiziere Energiequellen und Energielecks

- Plane die kommende Woche mit bewusster Energieverteilung

- Priorisiere eine tiefere Regenerationseinheit

3. Das monatliche Energie-System-Update

- Überprüfe längerfristige Energietrends

- Passe strukturelle Elemente an (Schlaf-
zeiten, Ernährungsmuster, Bewegungsroutinen)

- Justiere dein Tätigkeitsportfolio nach Ener-
giekriterien

- Plane eine tiefergehende Regenerations-
phase

Thomas, ein Softwareentwickler, implementierte
diesen integrierten Ansatz:

„Ich erstelle jeden Sonntag eine ‚Energiekarte'
für die kommende Woche. Auf der X-Achse sind
die Tage, auf der Y-Achse meine typischen Energielevel zu verschiedenen Tageszeiten. In dieses
Raster trage ich meine Aufgaben ein – schwere
Programmierarbeiten in Hochenergiephasen,
Meetings und leichtere Aufgaben in Mittelener-
giezeiten, administrative Tätigkeiten in Nieder-
energiephasen. Die Implementierung dieses Systems hat meine Produktivität mehr als verdoppelt,
während mein Erschöpfungslevel signifikant
sank."

Für ein maßgeschneidertes Energiemanagement:

1. Führe ein persönliches Energie-Audit durch:
 - Wann im Tag/in der Woche hast du typischerweise die höchste Energie?
 - Welche Aktivitäten/Menschen geben dir konsistent Energie?
 - Welche Tätigkeiten/Situationen entziehen dir am meisten Energie?
 - Wie lange dauert deine Erholung nach intensiven Willensanstrengungen?

2. Entwickle dein persönliches Energie-Paradigma:
 - Definiere deine Energietypen (mental, emotional, körperlich, sozial)
 - Identifiziere deine spezifischen Regenerationsbedürfnisse
 - Setze Prioritäten für Energieerhaltung vs. Leistungserbringung
 - Bestimme deine Nicht-Verhandelbaren in Bezug auf Energie

Fazit: Die Energiebasis eines starken Willens

Ein starker Wille beginnt mit kluger Energie-
bewirtschaftung. Selbst die besten Strategien zur
Entscheidungsfindung, zum Handeln und zum
Durchhalten sind wirkungslos, wenn die grundlegende Energie fehlt, um sie umzusetzen.

Die wichtigsten Erkenntnisse dieses Kapitels:

- Willenskraft ist eine begrenzte Ressource, die
bewusst verwaltet werden muss

- Praktische Energiemanagement-Techniken
können dein Willenskraft-Budget optimieren

- Schlaf, Ernährung und Bewegung bilden das
physiologische Fundament der Willenskraft

- Wirksame Regenerationsstrategien sind in
verschiedenen Zeitrahmen verfügbar

- Ein integrierter Ansatz verbindet tägliche,
wöchentliche und monatliche Energieplanung

Im nächsten Kapitel werden wir die langfristige Dimension eines starken Willens betrachten – wie du ein nachhaltiges persönliches System entwickelst, das dir über Jahre hinweg dabei hilft, deine wichtigsten Ziele zu erreichen.

Reflexionsfragen zum Kapitel:

1. Wie gut verstehst du deine persönlichen Energiemuster über den Tag und die Woche hinweg?

2. Welche der vorgestellten Energiemanagement-Techniken könnte in deinem Leben den größten Unterschied machen?

3. Wie wirken sich dein Schlaf, deine Ernährung und deine Bewegung aktuell auf deine Willenskraft aus?

4. Welche Regenerationsstrategien nutzt du derzeit, und welche könntest du hinzufügen?

5. Wie könntest du einen integrierten Ansatz zum Energiemanagement in deinen Alltag implementieren?

Der Langzeitplan für dauerhaften starken Willen

Ein starker Wille ist kein kurzfristiges Projekt, sondern eine lebenslange Entwicklung. In diesem Kapitel lernst du, wie du die bisher vermittelten Techniken zu einem kohärenten System zusammenfügst, das dich dauerhaft unterstützt.

Dein persönliches Willensstärke-System entwickeln

Die wahre Kraft liegt nicht in einzelnen Techniken, sondern in deren systematischer Integration. Ein persönliches Willensstärke-System besteht aus vier Kernkomponenten:

1. Entscheidungsarchitektur: Strukturen zur effizienten und konsistenten Entscheidungsfindung

   - Standardisierte Entscheidungsprozesse für unterschiedliche Entscheidungstypen

   - Automatisierung wiederkehrender Entscheidungen

   - Klare Entscheidungskriterien, die deine Kernwerte reflektieren

2. Handlungsauslöser: Mechanismen, die den Übergang vom Planen zum Tun sicherstellen

   - Implementation Intentions für Schlüsselgewohnheiten

   - Umgebungsgestaltung zur Minimierung von Startblockaden

   - Ritualisierte Übergänge zum fokussierten Handeln

3. Durchhaltestrukturen: Systeme, die langfristige Konsistenz unterstützen

- Persönliche Fortschrittsmessung und -visualisierung

- Rechenschaftsmechanismen und soziale Unterstützung

- Strategische Belohnungssysteme für Meilensteine

4. Energiemanagement: Praktiken, die dein Willenskraft-Reservoir schützen

- Regenerationsroutinen auf täglicher, wöchentlicher und monatlicher Basis

- Physiologische Optimierung durch Schlaf, Ernährung und Bewegung

- Grenzsetzung zum Schutz deiner mentalen Ressourcen

Thomas, ein Unternehmer, entwickelte folgendes integrierte System:

„Montags plane ich die Woche mit einer spezifischen Entscheidungsmatrix (Entscheidungsarchitektur). Jeder Morgen beginnt mit einem 5-Minuten-Ritual, das mit dem ersten Schluck

Kaffee eine 25-Minuten-Fokussession auslöst (Handlungsauslöser). Mein Fortschritt wird in einer sichtbaren Grafik in meinem Büro dokumentiert, und mein Geschäftspartner und ich haben wöchentliche Rechenschaftstreffen (Durchhaltestrukturen). Täglich praktiziere ich drei 10-minütige Achtsamkeitspausen, und mittwochs ist ab 14 Uhr komplett arbeitsfrei für Erholung (Energiemanagement)."

Um dein eigenes System zu entwickeln:

1. Beginne mit einer Bestandsaufnahme: Welche Elemente aus den vorherigen Kapiteln funktionieren bereits für dich?

2. Identifiziere deine größten Hürden: Entscheiden? Anfangen? Durchhalten? Grenzen setzen? Energie?

3. Integriere strategisch: Verbinde Techniken so, dass sie sich gegenseitig verstärken.

4. Starte klein: Implementiere zunächst ein minimales System und erweitere es schrittweise.

5. Etabliere Meta-Gewohnheiten: Schaffe Routinen zur regelmäßigen Überprüfung und Optimierung deines Systems.

Die Bedeutung von Lebensprioritäten bei Entscheidungen

Ein nachhaltiges Willensstärke-System basiert auf Klarheit über deine fundamentalen Lebensprioritäten. Ohne diese Klarheit verschwendest du Willenskraft auf Aktivitäten, die letztlich nicht zu einem erfüllten Leben beitragen.

Der Prozess zur Klärung deiner Lebensprioritäten:

1. Werte-Inventur

- Identifiziere deine 3-5 Kernwerte (z.B. Lernen, Familie, Gesundheit, Kreativität)
- Überprüfe, ob deine aktuellen Aktivitäten diese Werte widerspiegeln
- Erkenne Diskrepanzen zwischen erklärten und gelebten Werten

2. Lebensrollen-Definition
- Definiere die 4-7 wichtigsten Rollen in deinem Leben (z.B. Partner, Fachkraft, Elternteil)
- Formuliere eine klare Vision für jede Rolle
- Priorisiere die Rollen für verschiedene Lebensphasen

3. Aktivitäten-Alignment
- Kategorisiere deine Aktivitäten nach ihrem Beitrag zu deinen Werten und Rollen
- Identifiziere „leere" Aktivitäten, die weder Werte fördern noch Rollen unterstützen
- Entwickle eine Eliminierungsstrategie für nicht-alignierte Tätigkeiten

4. Entscheidungshierarchie

- Etabliere eine klare Hierarchie für Entscheidungskonflikte

- Definiere „Nicht-Verhandelbares" für jede Lebensrolle

- Schaffe Klarheit über temporäre vs. langfristige Prioritäten

Prioritätenklarheit transformiert Willensanstrengung in natürlichen Flow. Wenn deine Aktivitäten mit deinen tiefen Werten übereinstimmen, fühlt sich Selbstdisziplin weniger wie Kampf und mehr wie Ausdruck deiner wahren Selbst an.

Sophia, eine Ärztin und Mutter, berichtet:

„Nach meiner Prioritätenklärung erkannte ich, dass ich Willenskraft auf Aktivitäten verschwendete, die weder meinen beruflichen Zielen noch meinen familiären Werten dienten – wie die Übernahme zusätzlicher Komiteearbeit aus falschem Pflichtgefühl. Ich entwickelte ein einfaches Filter-System: Jede Anfrage wird gegen meine drei Kernwerte geprüft. Die daraus resultierende Klarheit reduzierte den inneren Kampf drastisch und lies mich meine Willenskraft für wirklich Wichtiges einsetzen."

Regelmäßige Lebensreviews durchführen

Selbst ein gut konzipiertes Willensstärke-System erfordert regelmäßige Überprüfung und Anpassung. Systematische Lebensreviews helfen dir, auf Kurs zu bleiben und dein System kontinuierlich zu verfeinern.

Ein dreistufiges Review-System deckt verschiedene Zeithorizonte ab:

1. Wöchentliches Review (30-60 Minuten)
   - Überprüfe die vergangene Woche: Was hat funktioniert? Was nicht?
   - Evaluiere dein Energieniveau und Willenskraft-Management
   - Identifiziere Erfolge und Hindernisse

- Plane die kommende Woche mit strategischer Willenskraft-Allokation

Kernfragen:
- Wo habe ich diese Woche meine Willenskraft am effektivsten eingesetzt?
- Welche Willenskraft-Lecks kann ich in der kommenden Woche schließen?
- Welche 2-3 wichtigsten Aktivitäten verdienen in der nächsten Woche meine beste mentale Energie?

2. Monatliches Review (2-3 Stunden)
- Analysiere größere Muster in deinem Willensstärke-System
- Überprüfe Fortschritte in Bezug auf mittel- und langfristige Ziele
- Evaluiere und justiere Gewohnheiten und Routinen
- Optimiere deine Umgebung für bessere Selbststeuerung

Kernfragen:

- Welche neuen Gewohnheiten beginnen Wurzeln zu schlagen?

- Welche Teile meines Willensstärke-Systems brauchen Anpassung?

- Was ist mein Fokusbereich für den kommenden Monat?

3. Quartals-/Jahresreview (Halber/Ganzer Tag)

- Tiefgehende Reflexion über Lebensrichtung und Prioritäten

- Umfassende Evaluation deines Willensstärke-Systems

- Anpassung von Kernzielen und langfristigen Projekten

- Planung signifikanter Systemänderungen oder Lebensentscheidungen

Kernfragen:

- Sind meine aktuellen Ziele noch im Einklang mit meinen tiefsten Werten?

- Welche fundamentalen Änderungen sollte ich an meinem Willensstärke-System vornehmen?

- Welche größeren Lebensentscheidungen stehen in der kommenden Periode an?

Diese Reviews sollten nicht improvisiert, sondern systematisch und ritualisiert durchgeführt werden. Entwickle ein persönliches Review-Protokoll mit spezifischen Fragen, Metriken und Reflexionspunkten.

Andreas, ein Produktmanager, berichtet:

„Früher hatte ich sporadische, unstrukturierte Reflexionsphasen. Jetzt habe ich ein festes Review-System: Sonntagabends 30 Minuten, am Monatsende 2 Stunden und jedes Quartal ein ganzer ‚Strategie-Tag'. Diese Struktur hilft mir, mein Willensstärke-System kontinuierlich zu verfeinern. Kleine Anpassungen frühzeitig vorzunehmen verhindert, dass größere Probleme entstehen. Mein persönliches Wachstum hat sich dadurch deutlich beschleunigt."

Mit Rückschlägen konstruktiv umgehen

Selbst mit dem besten System wirst du Rückschläge erleben. Der entscheidende Unterschied liegt nicht im Vermeiden von Rückschlägen, sondern im konstruktiven Umgang mit ihnen.

Eine vierstufige Strategie für konstruktives Rückschlagsmanagement:

1. Schnelle Emotionsregulation
   - Erkenne negative emotionale Reaktionen ohne Urteil
   - Praktiziere sofortige Beruhigungstechniken (tiefes Atmen, Ortswechsel)
   - Schaffe emotionale Distanz durch „Dritte-Person-Perspektive"

- Warte mit wichtigen Entscheidungen, bis die emotionale Intensität abgeklungen ist

2. Analytische Evaluation

- Unterscheide zwischen Systemversagen und temporärer Störung

- Identifiziere die genaue Ursachenkette des Rückschlags

- Bewerte die reale (nicht gefühlte) Bedeutung des Rückschlags

- Extrahiere konkrete Lernpunkte aus der Erfahrung

3. Strategische Anpassung

- Modifiziere dein System basierend auf den Erkenntnissen

- Implementiere konkrete Präventivmaßnahmen für ähnliche Situationen

- Entwickle Notfallpläne für wiederkehrende Herausforderungen

- Baue zusätzliche Sicherheitsnetze ein, wo nötig

4. Mentaler Neustart

- Schaffe ein bewusstes Abschlussritual für den Rückschlag
- Praktiziere aktives Loslassen vergangener Fehler
- Erneuere deine Verpflichtung zum Gesamtprozess
- Starte mit einer „Clean Slate"-Mentalität neu

Maria, eine Unternehmerin, berichtet:

„Nach einem massiven Rückschlag – ich hatte drei Monate lang mein Fitness-Regime komplett vernachlässigt – entwickelte ich ein persönliches Rückschlagsprotokoll. Statt in Selbstkritik zu versinken, gebe ich mir 24 Stunden für emotionale Verarbeitung, führe dann eine strukturierte Ursachenanalyse durch, passe mein System an und führe ein symbolisches ‚Reset-Ritual' durch, bei dem ich eine Kerze anzünde und mir selbst ‚vergebe'. Dieses Protokoll hat meine Erholungszeit von Rückschlägen von Wochen auf Tage reduziert."

Besonders wichtig ist der Umgang mit der „Rückschlagskaskade" – dem Phänomen, dass ein einzelner Rückschlag oft zu einer ganzen Serie von Fehlern führt. Psychologisch ist dies als „Was-soll's-Effekt" bekannt: „Ich habe meinen Ernährungsplan schon gebrochen, dann kann ich auch gleich richtig schlemmen."

Strategien zur Unterbrechung dieser Kaskade:

- Die „Nächste-Mahlzeit-Regel": Nicht der ganze Tag ist verloren, sondern nur eine einzelne „Mahlzeit" – die nächste Gelegenheit bietet einen Neustart.
- Die „Prozent-Perspektive": Ein einzelner Fehler ist statistisch unbedeutend in einer längeren Zeitreihe positiven Verhaltens.

- Die „Lern-Reframing-Technik": Jeder Rückschlag wird sofort als wertvolle Datenquelle zur Systemverbesserung umgedeutet.

Das persönliche Willensstärke-Dashboard: Deine Lebensmetriken

„Was gemessen wird, verbessert sich." Ein persönliches Willensstärke-Dashboard hilft dir, objektive Daten zu sammeln und deinen Fortschritt zu visualisieren.

Komponenten eines effektiven persönlichen Dashboards:

1. Führende Indikatoren
   Metriken, die zukünftigen Erfolg vorhersagen:
   - Anzahl fokussierter Arbeitsblöcke pro Tag
   - Prozentsatz eingehaltener Implementation Intentions
   - Wöchentliche Regenerationszeit

- Konsequenz in Schlaf-/Ernährungs-/Bewe-
gungsroutinen

2. Nachgelagerte Indikatoren
Metriken, die tatsächliche Ergebnisse zeigen:
- Projektabschlüsse
- Gewohnheitskonsistenz
- Zielerreichungsrate
- Substantielle Fortschritte in Schlüsselberei-
chen

3. Subjektive Metriken
Qualitative Indikatoren für Wohlbefinden und
Balance:
- Tägliches Energie- und Stressniveau
- Zufriedenheit mit Willenskraftverteilung
- Gefühl der Selbstwirksamkeit
- Work-Life-Balance-Einschätzung

4. Systemgesundheits-Indikatoren
Metriken, die die Funktionalität deines Willensstärke-Systems messen:

- Regelmäßigkeit der Reviews

- Adaptionsgeschwindigkeit nach Rückschlägen

- Kongruenz zwischen erklärten und gelebten Prioritäten

- Integrationsgrad der verschiedenen Systemkomponenten

Thomas, ein Projektmanager, entwickelte ein einfaches aber wirkungsvolles Dashboard:

„Ich tracke täglich drei führende Indikatoren – Anzahl der 90-minütigen Fokusblöcke, Einhaltung meiner Morgenroutine, Schlafqualität – und wöchentlich zwei nachgelagerte Indikatoren – erledigte Prioritätsprojekte und Fortschritt bei meinen drei Hauptzielen. Ein monatliches Radar-Diagramm zeigt meine Balance zwischen sechs Lebensbereichen. Diese Daten offenbaren Muster, die ich subjektiv nie erkennen würde, und motivieren mich gleichzeitig durch sichtbare Fortschritte."

Für maximale Wirksamkeit deines Dashboards:

- Halte es einfach: 5-7 Kernmetriken sind effektiver als Dutzende
  - Kombiniere quantitative und qualitative Daten
  - Visualisiere Fortschritte: Wandle abstrakte Zahlen in visuelle Repräsentationen um
  - Etabliere Review-Rhythmen: Tägliche Schnellchecks, wöchentliche Analysen, monatliche Tiefenreflexion
- Passe Metriken an: Was du misst, sollte sich mit deinen wechselnden Prioritäten entwickeln

Fazit: Der starke Wille als lebenslange Entwicklung

Ein starker Wille ist keine fixe Eigenschaft, sondern eine kontinuierlich entwickelte Fähigkeit. Durch die Integration der Techniken aus allen Kapiteln dieses Buches in ein persönliches

System schaffst du die Grundlage für ein selbstbestimmtes Leben.

Die Kernbotschaften dieses letzten Kapitels:

- Ein persönliches Willensstärke-System integriert Entscheidungsarchitektur, Handlungsauslöser, Durchhaltestrukturen und Energiemanagement

- Lebensprioritäten bilden das Fundament effektiver Selbststeuerung

- Regelmäßige Reviews sichern kontinuierliche Optimierung und Anpassung

- Der konstruktive Umgang mit Rückschlägen unterscheidet erfolgreiche von erfolglosen Selbststeuerungssystemen

- Ein persönliches Dashboard liefert objektive Daten für informierte Entscheidungen

Deine Reise zu einem starken Willen ist nie abgeschlossen. Wie bei jedem komplexen Skill gibt es immer Raum für Verfeinerung und Weiterentwicklung. Der Schlüssel liegt in der Balance zwischen systemischer Struktur und flexibler Anpassung – ein Tanz zwischen Konsequenz und Evolution.

Reflexionsfragen zum Kapitel:

1. Welche Elemente wären in deinem idealen persönlichen Willensstärke-System enthalten?

2. Wie klar sind deine fundamentalen Lebensprioritäten, und wie könntest du mehr Klarheit gewinnen?

3. Welcher Review-Rhythmus würde am besten zu deinem Lebensstil passen?

4. Wie gehst du typischerweise mit Rückschlägen um, und was könntest du verbessern?

5. Welche 3-5 Kernmetriken wären für dein persönliches Willensstärke-Dashboard am relevantesten?

Dein 30-Tage-Aktionsplan für mehr Willenskraft

Der Weg zu einem stärkeren Willen ist eine Reise, die mit konkreten, umsetzbaren Schritten beginnt. Dieser 30-Tage-Aktionsplan hilft dir, die wichtigsten Konzepte und Techniken aus diesem Buch systematisch in deinen Alltag zu integrieren.

Woche 1: Entscheidungsfindung beschleunigen

Tag 1-2: Entscheidungsbewusstsein entwickeln
- Führe ein Entscheidungstagebuch: Dokumentiere wichtige Entscheidungen und die Zeit, die du für sie aufwendest
- Identifiziere Entscheidungen, die du häufig aufschiebst

Tag 3-5: Entscheidungsmethoden implementieren

- Implementiere die 2-Minuten-Regel für kleine Entscheidungen

- Übe die Pro/Contra-Analyse mit zeitlicher Begrenzung bei einer mittelschweren Entscheidung

- Wende die 5-3-1-Methode auf eine anstehende Entscheidung an

Tag 6-7: Entscheidungsarchitektur aufbauen

- Entwickle Standardregeln für wiederkehrende Entscheidungen

- Identifiziere deine „Killer-Kriterien" für wichtige Lebensentscheidungen

- Schaffe ein persönliches Entscheidungsprotokoll

Woche 2: Vom Planen zum Handeln kommen

Tag 8-10: Startblockaden überwinden

- Implementiere die Pomodoro-Technik für eine aufgeschobene Aufgabe

- Formuliere drei Implementation Intentions für wichtige Gewohnheiten

- Wende die Micro-Commitments-Methode bei einem größeren Projekt an

Tag 11-13: Umgebung optimieren

- Gestalte deinen Hauptarbeitsbereich für fokussiertes Handeln um

- Entferne die drei größten Ablenkungsquellen aus deiner Umgebung

- Schaffe visuelle Erinnerungen für wichtige Handlungstrigger

Tag 14: Accountability etablieren

- Finde einen Accountability-Partner oder tritt einer Gruppe bei

- Kommuniziere deine Ziele und vereinbare regelmäßige Check-ins

- Implementiere ein einfaches Tracking-System für deine Fortschritte

Woche 3: Durchhaltestrategien implementieren

Tag 15-17: Fortschrittsprinzip anwenden

- Erstelle ein visuelles Fortschrittssystem für ein wichtiges Projekt
- Zerlege ein größeres Ziel in kleine, messbare Meilensteine
- Führe tägliche Fortschritts-Micro-Wins ein

Tag 18-20: Mentale Kontrastierung praktizieren

- Führe täglich die WOOP-Methode (Wunsch, Ergebnis, Hindernis, Plan) durch
- Identifiziere häufige Hindernisse und entwickle Wenn-Dann-Strategien
- Übe die bewusste Antizipation von Schwierigkeiten

Tag 21: Rückschlagsmanagement entwickeln

- Erstelle dein persönliches Rückschlagsprotokoll
- Definiere den Unterschied zwischen einem Ausrutscher und einem kompletten Rückfall

- Implementiere ein Reset-Ritual nach Rück-schlägen

Woche 4: Selbstbestimmung etablieren

Tag 22-24: Grenzen setzen üben
- Übe täglich ein „kleines Nein" in unkritischen Situationen
- Implementiere die verzögerte Antwort auf Anfragen
- Entwickle Standardformulierungen für Grenz-setzung in wichtigen Bereichen

Tag 25-27: Energiemanagement optimieren
- Führe ein Energie-Tracking durch: Dokumen-tiere dein Energieniveau zu verschiedenen Tages-zeiten
- Ordne Aufgabentypen deinen Energiekurven zu
- Implementiere tägliche, kurze Regenerations-phasen

Tag 28-30: Persönliches Willensstärke-System integrieren

- Führe dein erstes wöchentliches Review durch
- Entwickle ein einfaches persönliches Dashboard mit 3-5 Schlüsselmetriken
- Erstelle deinen langfristigen Willensstärke-Entwicklungsplan

Abschlussevaluation und langfristige Strategien

Nach Abschluss des 30-Tage-Plans führe eine umfassende Evaluation durch:

1. Bewerte deine Fortschritte in den vier Kernbereichen
    - Entscheidungsfindung: Klarer? Schneller? Konsistenter?
    - Handlungsinitiierung: Weniger Aufschieben? Leichterer Start?
    - Durchhaltevermögen: Höhere Abschlussrate? Besserer Umgang mit Hindernissen?

- Selbstbestimmung: Klarere Grenzen? Besseres Energiemanagement?

2. Identifiziere deine stärksten und schwächsten Bereiche

- Welche Techniken haben am besten funktioniert?
- Wo bestehen noch Herausforderungen?
- Welche Anpassungen sind notwendig?

3. Entwickle deinen 90-Tage-Vertiefungsplan

- Wähle 2-3 Schlüsselbereiche für tiefere Implementation
- Plane regelmäßige Reviews (wöchentlich, monatlich, vierteljährlich)
- Setze spezifische, messbare Ziele für die nächsten 90 Tage

4. Etabliere dauerhafte Systemroutinen

- Integriere die wirksamsten Techniken in deine täglichen Routinen

- Schaffe Erinnerungsmechanismen für kontinuierliche Anwendung

- Entwickle ein persönliches Handbuch für
dein Willensstärke-System

Zusammenfassung: Die Reise zu einem unauf-
haltbaren Willen

Auf den vorangegangenen Seiten hast du eine
umfassende Methodik kennengelernt, um deinen
Willen systematisch zu stärken. Du hast gelernt,
wie du:

Entscheidungen effektiver triffst – durch praktische Methoden wie die 5-3-1 Technik, zeitlich
begrenzte Pro/Contra-Analysen und Entscheidungsmatrizen.

2. Die Lücke zwischen Planen und Handeln über-
windest – mit Techniken wie Pomodoro,
Implementation Intentions und strategischem
Umgebungsdesign.

3. Durchhalten und Fertigstellen meisterst –
durch das Fortschrittsprinzip, mentale Kontrastierung und wirksame Rückschlagsmanagement-
Strategien.

4. Ein selbstbestimmtes Leben führst – indem du
klare Grenzen setzt, deine Energie intelligent verwaltest und ein persönliches Willensstärke-
System entwickelst.

Die Reise zu einem starken Willen ist keine einfache, aber sie ist eine der lohnendsten, die du
antreten kannst. Ein starker Wille befähigt dich
nicht nur, deine Ziele zu erreichen, sondern gibt
dir auch ein tiefes Gefühl der Selbstwirksamkeit
– das Wissen, dass du Herr über dein eigenes
Leben bist.

Denke daran: Willenskraft ist keine angeborene
Eigenschaft, sondern eine erlernbare Fähigkeit.
Mit den richtigen Methoden, konsequenter Praxis

und strategischem Vorgehen kann jeder Mensch seinen Willen stärken und sein Leben nach eigenen Vorstellungen gestalten.

Der Weg beginnt mit einem einzelnen Schritt – einer einzelnen Entscheidung, einer einzelnen Handlung, einem einzelnen Moment des Durchhaltens. Und mit jedem weiteren Schritt baust du nicht nur momentane Willenskraft auf, sondern formst deine Identität als jemand, der entscheidet, handelt und vollendet.

Ich lade dich ein, heute mit dem ersten Schritt zu beginnen.